100
por cien
NBA

• *Colección Cien* × 100 — 31 •

100 por cien NBA

De Naismith al Unicornio

Eneko Picavea

Primera edición: octubre de 2019
Segunda edición: marzo de 2020

© del texto: Eneko Picavea

© de la edición:
9 Grupo Editorial
Lectio Ediciones
C/ Mallorca, 314, 1º 2ª B • 08037 Barcelona
Tel. 977 60 25 91 – 93 363 08 23
lectio@lectio.es
www.lectio.es

Diseño y composición: 3 × Tres

Impresión: Romanyà Valls, SA

ISBN: 978-84-16918-61-4

DL T 1161-2019

A mi tío Andrés.
Y a los que nunca dejaron de creer.

ÍNDICE

INTRODUCCIÓN

James Naismith inventó el baloncesto en 1891 en Springfield y no necesitó más que un gimnasio y una cesta de melocotones. La NBA se fundó medio siglo después, en 1946, y en el partido inaugural había un equipo canadiense y uno de los que todavía hoy compite en la mejor liga de baloncesto del mundo. Ese primer partido de la liga de baloncesto de los Estados Unidos se jugó al otro lado de la frontera, en Canadá, y, curiosamente, hubo que esperar más de 70 años para ver a un equipo de ese país llevarse el título.

Conoce cómo funciona la liga, cómo se elabora el calendario más complejo de todos los deportes de élite y cómo funciona el draft, el sistema que la liga tiene para ser cíclica y evitar que los mercados más potentes y atractivos hagan de menos a los más pequeños.

La historia del baloncesto de la NBA no se entiende sin sus mitos ni sin sus leyendas y el relato personal de aquellos tiene muchas veces mucho que contar. Danny Granger recibió un balazo por ir a donde no debía cuando era joven en su New Orleans natal, Delonte West pasó de ser el mejor compañero del primer LeBron James en los Cleveland Cavaliers a pedir matrimonio a su mujer en una casa sin agua caliente porque no tenía dinero para pagarla y Len Bias pasó casi a ser una leyenda sin haber vestido la camiseta de los Celtics con la que tenía que hacer historia.

Michael Jordan es, para muchos, el mejor jugador de la historia de la NBA y no fue número uno de su generación a pesar de ser capaz hasta de ganar a un quinteto de extraterrestres en una película más que icónica. Uno de sus más conocidos compañeros en los Bulls estuvo a punto de suicidarse y fue un periodista quien evitó el fatal desenlace.

El mejor jugador de los Celtics modernos recibió 11 puñaladas y jugó poco después como si no hubiera pasado nada y otro jugador de su época estuvo a punto de morir por una lesión en el tobillo.

El *Killer Miller*, el Dream Team de 1992 o el Redeem Team de 2008 y 2012 que dejó a España con la miel del oro olímpico en los labios, las mayores remontadas de la historia de la NBA y hasta el MVP que vendía en la calle antes de hacer historia mezclado con los mejores hermanos de la historia de la liga, dos de Sant Boi de Llobregat que lucen anillos en su palmarés.

01 / 100

EL INVIERNO DE SPRINGFIELD

El duro invierno de Springfield (Massachusetts) fue el culpable y la ciudad, el escenario. Falta el elemento clave: James Naismith. Su historia familiar es la historia del drama personificado. Muy joven debió hacerse cargo de hermanos menores por la muerte de sus progenitores y sin llegar a los 30 vio morir, casi en sus manos, a uno de ellos. Querían que fuera capellán pero él tenía otros planes.

Comenzó a estudiar Teología en Montreal y allí dio sus primeros pasos en el deporte. Probó el lacrosse, el fútbol y el rugby decantándose por el último durante la época veraniega. Con el cambio de estación, llegaba el problema.

Una vez licenciado, apartó la teología y dio un paso al frente en el deporte. Accedió al puesto de instructor de educación física de la Universidad YMCA de Springfield. Con buen clima el trabajo era sencillo, pero eso no sucedía los meses suficientes durante el curso y puso su mente a trabajar.

Luther Gulick le encargó la difícil tarea de encontrar un deporte a realizarse en el gimnasio que posibilitara que el programa deportivo de la YMCA de Springfield no sufriera un parón obligatorio por el invierno.

Necesitaba un deporte de interior y fracasó al intentar meter bajo techo el fútbol, el lacrosse y también el rugby, hasta que en su libreta de anotaciones comenzó a hilar lo que sería su inmortalidad. La noche antes a tener que entregar su solución para el invierno, Naismith no tenía nada. Absolutamente nada. Repentinamente dejó la primera norma: «No podrán correr con el balón.»

De ahí salió otra como «tienen que pasar el balón a un compañero», que evitaría, en la medida de lo posible, el contacto físico que destrozara el gimnasio. También apuntó que un jugador no podría cargar con el hombro, así como empujar, zarandear o golpear con el puño a un rival. De un plumazo, había evitado un deporte demasiado violento. El dilema era otro.

Gulick vio un problema en una de las primeras ideas del canadiense Naismith: un deporte con un balón bajo techo podría acabar con facilidad con el mobiliario del gimnasio de la escuela. «Solo podrán dar dos pasos con el balón» fue la solución. Los jugadores no podrían correr con el esférico en sus manos, lo que limitaría el contacto.

«Lo lanzarán con mucha fuerza y destrozarán todo», seguía Gulick. Entonces Naismith recordó el juego favorito de su infancia, *duck on a rock*. Los jóvenes tenían que tirar una piedra pequeña situada encima de una más grande mientras un guardián impedía que lanzaran desde más cerca de cinco metros. Si se tiraba muy fuerte, la piedra podría irse muy lejos y posibilitar que el guardián capturara al propietario, por lo que Naismith lanzaba con arco. De ahí salió otra norma, «hay que llegar con un tiro arqueado», que reducía la posibilidad de que el balón saliera con demasiada fuerza y rompiera nada.

Faltaba la guinda del pastel. Habituado al rugby y al fútbol (europeo), Naismith pensó en más de una ocasión en poner una portería, pero desistió; eso no podía salir bien en un gimnasio. Empezó a pensar en un objetivo que estuviera situado a cierta altura y así acabó diseñando las primeras canastas.

Naismith se fue a dormir con la tranquilidad de haber dado con algo importante. Despertó y su primera necesidad fue acudir al conserje de YMCA al que le acababa de encomendar un papel vital en su historia. Faltaba ese objeto, ese algo elevado por encima de sus cabezas y donde deberían situar el balón. Pidió unas cajas de madera de medio metro pero Robert Stebbins le respondió que no podría ayudarle, que a ver si le valían unas cajas de melocotones. Las cogió y las llevó al gimnasio, donde las situó en un raíl a diez pies de altura sobre el suelo; era una señal.

Horas después explicó a sus alumnos cómo funcionaba ese juego que todavía no tenía ni nombre.

Springfield sería el lugar para la historia, James Naismith el nombre y las Navidades de 1891 la fecha.

02 / 100

NBA

El 3 de agosto de 1949, y después de tres años de disputas entre la Basketball Association of America (BAA) y la National Basketball League (NBL), nace la Nacional Basketball Association, la NBA. La NBL fue anterior pero la BAA aterrizó pegando fuerte en los Estados Unidos. Estableció el baloncesto en grandes ciudades, algo que no hacía la liga existente, presente solo en capitales del Medio Oeste como Fort Wayne, Sheboygan o Akron, donde nacieron LeBron James y Stephen Curry. Los jugadores de la NBL practicaban el baloncesto en pequeños gimnasios y los de la BAA cambiaron el escenario no solo de ciudad, también de parquet. La segunda liga estableció el baloncesto en pabellones tan míticos como el Garden de Boston o el Madison Square Garden de Nueva York.

Para la temporada 1948-49 cuatro equipos potentes de la antigua NBL se marcharon a la BAA. Fueron Fort Wayne, Indianápolis, Rochester y Minneapolis, quienes se llevaron a uno de los mejores jugadores, George Mikan. Jugó en los Minneapolis Lakers, la primera casa de la mítica franquicia de Los Ángeles.

Al finalizar la temporada, ambas ligas se reunieron en las oficinas de la BAA, en el Empire State Building de Nueva York, donde sellaron un pacto que daría como resultado la National Basketball Association.

La nueva liga eligió a Maurice Podoloff como su primera cabeza visible y estableció en 17 el número de franquicias que disputarían la primera temporada, la 1949-50. La década de 1950 fue la más dura, ya que el apoyo de la afición por el baloncesto fue menguando y la NBA cayó hasta los ocho equipos. Ahí fue cuando la NBA decidió modernizar el juego y comenzó a utilizar el reloj de posesión de 24".

La llegada del cronómetro hizo el juego más rápido y divertido de ver, lo que trajo de vuelta a los aficionados que comenzaron a ver crecer una liga que encontró, además, la estabilidad financiera.

Curiosamente, las ocho franquicias que disputaron la temporada 1954-55 comenzaron también la 2017-18. Fueron los New York Knicks, Boston Celtics, Minneapolis Lakers (ahora LA), Rochester Royals (ahora Sacramento Kings), Fort Wayne Pistons (ahora en Detroit), Tri-Cities Blackhawks (ahora Atlanta Hawks) y los Syracuse Nationals, los actuales Philadelphia 76ers.

La llegada de los jugadores afroamericanos también ayudó a crear expectación. Más físicos y rápidos, introdujeron los mates. En 1956, y cuando los Lakers ya tenían cinco títulos, los Celtics eligieron en el draft a un *rookie* de nombre Bill Russell, la primera superestrella de la historia de la NBA, un hombre que ganaría 11 anillos.

Tres años después llegaría Wilt Chamberlain y la NBA terminó de explotar mediáticamente. En 1967, la salud del baloncesto era tal que se creó una alternativa como la American Basketball Association, la mítica ABA. La nueva liga permitía fichar jugadores directamente del instituto, lo que fue un problema para una NBA que tardó casi diez años en apagar el incendio llegando a un acuerdo mediante el cual cuatro equipos de la ABA *promocionaban*. Más tarde, la NBA adoptaría de su *hermana pequeña* el triple o el concurso de mates del All Star Game.

03 / 100

CALENDARIO

Se juegan 82 partidos por equipo, hay baloncesto desde octubre hasta la tercera semana de abril y juego de lunes a domingo librando en Nochebuena, Acción de Gracias y en días como la Superbowl se adelanta y en la final del March Madness también, pero ¿cómo se elabora el calendario de la NBA? El responsable es Matt Winick, vicepresidente de la NBA.

Utiliza un programa informático en el que establece una serie de criterios que le generan un total de 1.230 partidos. Entre las normas, hay que tener en cuenta peticiones de equipos, que martes y jueves se juegan normalmente menos partidos o que hay pabellones multiusos que obligan a ciertos equipos a jugar fuera en determinadas fechas por no tener su cancha disponible.

Completar un calendario justo es casi imposible y se continúa trabajando en la elaboración de una liga más larga en el calendario para evitar en la medida de lo posible los *back-to-back* o los temidos cuatro partidos en cinco noches. Winick tiene en cuenta algunos patrones.

Para empezar, que se debe empezar a mediados de octubre y acabar en la segunda semana de abril. Cada equipo debe jugar 82 partidos totales, a dividir entre los que juegue contra equipos de su división, de su propia conferencia y de la otra.

Hay días prohibidos, ya que durante muchas fechas los estadios de los equipos no están disponibles y son los propios equipos los que deben enviar a la liga, con mucha antelación, qué días no pueden ser locales. A cambio, la NBA pide 50 fechas disponibles.

¿Por qué siempre hay *partidazos* en Navidad? Porque la NBA no es solo baloncesto. Se eligen varios días para que se disputen los duelos más atractivos como el inicio de temporada o los días de Martin Luther King y Navidad.

En los últimos años, los duelos entre Kobe Bryant y LeBron James primero y entre los Warriors y los Cavaliers después, han sido clásicos del Christmas Special y del Martin Luther King Day. El final del Madness no coincide con partidos de NBA y la noche de la Superbowl se adelanta la jornada para no coincidir con el partido por el título de la NFL.

Las noches de los viernes y sábados es cuando más se juega y los jueves hay menos, pero mejores, y los domingos se juega a media tarde en España, es decir, por la mañana en USA.

Los *back-to back* y los «cuatro en cinco noches» siempre han sido el problema más importante del jefe del Comisionado. Silver trata de rebajarlos para evitar que las estrellas descansen en determinados partidos por el cansancio acumulado.

Cuando un equipo del Este viaja al Oeste suele jugar muchos partidos en pocos días y también sucede al revés. Debido a las distancias, se aprovecha el cambio de costa para acumular partidos que después se premian con tres días de descanso —en casa.

Con 29 rivales y 82 partidos, el calendario sigue los siguientes patrones:

- 4 partidos contra los otros cuatro equipos de tu división ($4 \times 4 = 16$).
- 4 partidos contra equipos de tu conferencia que no están en tu división ($6 \times 4 = 24$).
- 3 contra los cuatro equipos de tu conferencia contra los que no juegas 4 veces ($3 \times 4 = 12$).
- 2 partidos contra los 15 equipos de la otra conferencia ($2 \times 15 = 30$).

04 / 100

EL DRAFT

Año tras año, la NBA selecciona a los mejores jóvenes del mundo en una ceremonia que tiene lugar en Nueva York la última semana de junio. La liga establece que los peores equipos serán los primeros en elegir —salvo en algún caso especial, como veremos más adelante—, de manera que el sistema da un giro de 180° en un par de años.

¿Cómo funciona el draft? La temporada acaba la segunda semana de abril para 14 de los 30 equipos y solo unas semanas después, mientras el resto disputa el play-off, se lleva a cabo la lotería.

Los equipos con peor balance el año presente son los que tienen más posibilidades de tener elecciones más altas y, en este caso, el peor equipo tiene un 25% de posibilidades de llevarse el primer número del siguiente. En 2017, los Nets fueron el peor equipo de la temporada y se llevaron el primer *pick* en la lotería aunque lo tenían traspasado.

Se estableció en 1985 y funciona de la siguiente manera: se introducen 14 pelotas de ping-pong en un bombo con números del uno al catorce, creando 1.001 posibilidades. Las franquicias tienen números asignados según su rendimiento. Los Nets en 2017 o los Sixers de 2016 poseían 250 números de los 1.001. Se extraen cuatro de esas bolas y sale un número que está vinculado a un equipo, después se repite el procedimiento para los *picks* dos y tres siendo los siguientes variables respecto al rendimiento del curso anterior.

¿Es justo el draft? Aparentemente sí. La NBA trata de restablecer la liga con el paso de los años de manera que ninguna franquicia se vea en una década negra. La asociación es consciente de que hay mercados como Los Ángeles, Miami, Nueva York o California que pueden interesar más que Memphis, Indiana o San Antonio, por ejemplo. Con el draft se permite que un mercado con poco interés mediático como es El Álamo haya disfrutado de la mejor franquicia de la era moderna con un único primer *pick* del draft, el de Tim Duncan. Después de elegir al ala pívot de las Islas Vírgenes, los Spurs ganaron cinco anillos en menos de veinte agitando poco el mercado de agentes libres.

En los últimos años, Anthony Bennett ha sido número 1 e Isaiah Thomas, por el contrario, número 60 como perfecto ejemplo de que tener un *pick* alto no garantiza el éxito. El quinteto de la muerte de los Golden State Warriors del 73-9 no tenían miembro elegido en el *top 5* del draft, siendo Stephen Curry y Harrison Barnes *pick* 7, los más altos. Andre Iguodala (#9), Klay Thompson (#11) y Draymond Green (segunda ronda) integraban uno de los mejores equipos jamás vistos.

Desde el año 2000 (hasta 2017), solo tres jugadores elegidos en primera posición en el draft habían ganado el MVP de las finales. Eran Shaquille O'Neal en tres ocasiones, Tim Duncan en dos y LeBron James en otras tres. Por el contrario, Kawhi Leonard, elegido en el puesto número 15 en 2011, fue elegido mejor jugador de la final en su tercera temporada en la liga.

Tony Parker, número 28 en 2001, fue MVP de las finales de 2007. Ambos lo lograron con los San Antonio Spurs bajo la batuta de Gregg Popovich, el mejor entrenador de la era moderna de la NBA.

05 / 100

NBA CARES

¿Por qué es la NBA la mejor liga de deporte profesional del mundo? Entre otras —muchas— cosas, por el programa de ayuda a los más desfavorecidos que responde al nombre de NBA Cares —«la NBA se preocupa». Durante el fin de semana del All Star Game, las estrellas de la liga ayudan a la comunidad donde se celebra el partido y durante la temporada hacen lo propio con sus comunidades.

Gracias al programa de NBA Cares, no es raro ver a entrenadores y jugadores de la NBA haciendo entrenamientos de baloncesto con jóvenes, realizando donaciones a los más desfavorecidos o dando de comer a los más necesitados. También es habitual verles con gorro y delantal sirviendo comida el día de Acción de Gracias, un día especial en la liga, ya que no hay jornada.

La NBA se vuelca desde el día 1 con los jugadores para que sean conscientes de lo privilegiados que son respecto a gente de sus propias ciudades. Hay lugares de especial importancia en el programa como el Hospital Oncológico Infantil de Memphis que innumerables jugadores visitan en su viaje para jugar contra los Memphis Grizzlies.

3,9 millones de horas y más de 1.080 establecimientos para los que los jugadores de la NBA han arrimado el hombro son los números al término de la temporada 2016-17. 1.080 establecimientos donde niños enfermos o familias sin hogar han encontrado un techo.

En octubre de 2005, se estableció el objetivo —para 2010— de contribuir con 100 millones de dólares, 250 horas de trabajo voluntario y construir más de 250 lugares donde los niños menos favorecidos pudieran vivir, aprender y jugar.

El programa también trabaja de la mano de Naciones Unidas para concienciar a los jóvenes de los Estados Unidos sobre la malaria y lograr ayudas para erradicar la enfermedad a lo largo y ancho del planeta.

Una vez al mes, la liga premia a un jugador con el Community Assist Award, un premio que reconoce al mejor de la NBA en ayuda a la comunidad. En noviembre de 2017, Ricky Rubio se lo llevó en Salt Lake City en su segundo mes en la ciudad. De la mano del base de El Masnou, los Utah Jazz tienen un patrocinador que dona dinero a la lucha contra el cáncer. El programa Cares no involucra solo a ellos, también las jugadoras de la WNBA se ven envueltas en las diferentes actividades.

NBA Cares trabaja de la mano con asociaciones como Special Olympics, YMCA de los Estados Unidos, Make-A-Wish («pide un deseo»), Share Our Strenght («comparte nuestra fuerza») o UNICEF. Luchan para educar en valores a más de 12 millones de jóvenes al año.

06 / 100

WILT CHAMBERLAIN

El hombre que cambió la NBA. Considerado por muchos como el jugador más dominante de la historia de la NBA, Chamberlain nació en Filadelfia en 1936 y falleció en Los Ángeles en 1999. Jugaría, y marcaría época, en ambas ciudades con los Philadelphia Warriors y Los Angeles Lakers. ¿Cómo de dominante era? En su año *rookie* promedió 37,6 puntos y 27 rebotes. Fue el primer jugador en ser nombrado Most Valuable Player (MVP) y Rookie of the Year (ROY) en el mismo año y promedió la friolera de 41 puntos con Filadelfia durante seis temporadas incluyendo una que acabó con 50 de promedio.

A pesar de su innegable dominio en el plano individual, no pudo plasmarlo al colectivo al darse de frente contra los Boston Celtics de Bill Russell, que ganarían 11 anillos en 13 temporadas durante la dinastía verde.

En 1963 los Warriors se mudaron de Filadelfia a San Francisco y un año después de llegar a California fue traspasado de nuevo a Philly, a los 76ers, donde jugaría otras cuatro temporadas. Precisamente en Pensilvania ganaría su primer anillo en la temporada 1966-67 con unos promedios de 21 puntos y 29 rebotes en 15 partidos de postemporada. Seis temporadas después, y ya en los Lakers, volvería a ganar la liga con 14 puntos y 21 rebotes.

Su primer anillo con los Sixers supuso el punto y final a la histórica racha de ocho anillos seguidos de los Boston Celtics y en la final se enfrentaría, precisamente, a los San Francisco Warriors, donde jugó un año. Tras eliminar en siete partidos a los verdes, hicieron lo propio con San Francisco en seis.

Chamberlain fue el primer jugador en alcanzar la mítica cifra de 30.000 puntos en la NBA además de ser, hasta la fecha, el único en anotar 100 puntos en un choque, uno de esos récords históricos que parecen difíciles de superar. Por detrás están los 81 de Kobe Bryant y los 70 de Devin Booker y David Robinson.

¿Cómo cambió la NBA el bueno de Wilt? Por si los promedios no asustan, su legado incluye algunos cambios sistemáticos en las normas de la liga, cosas lógicas si las pensamos ahora mismo. Era mal tirador de tiros libres y se valía de una laguna en la normativa para saltar hacia el aro desde la línea de libres para ejecutar el tiro lo más cerca posible. Dice la leyenda que una vez la hundió saltando desde el tiro libre como después harían Jordan e Ibaka en sendos concursos de mates.

También se prohibió que un jugador fuera a por su rebote ofensivo si el tiro libre no tocaba aro, algo que Chamberlain hizo en no pocas ocasiones para anotar de dos en lugar de fallar de uno. También fue el culpable del *goaltending*, la norma más peculiar de la NBA para un europeo. Está prohibido rebañar el balón una vez está sobre el cilindro imaginario por encima del aro. Con sus 2,16 y sus muelles, era algo que hizo a Chamberlain más dominante. De esta manera también se cambió la forma de defender del 7 pies.

La regla del 3 *to make* 2 tampoco estuvo lejos de Wilt. Con esta peculiar normativa, un tirador de libres tendría una tercera oportunidad desde la línea si fallaba uno de los dos y el equipo que hacía la falta estaba por encima del límite de faltas de equipo, es decir, una medida anti *back* para evitar que se mandara a Wilt a la línea de manera indiscriminada para explotar su 51% de acierto.

07 / 100

STERN

En la NBA hay un antes y un después de David Stern. Para los nacidos en los 90, la liga vivió un momento histórico cuando el abogado neoyorquino cedió el bastón de mando a Adam Silver, actual comisionado de la NBA. Y es que no se había visto otra cara dando la mano a los jóvenes del draft una noche de junio, Stern era la NBA.

Treinta largos años estuvo el neoyorquino al mando de la mejor liga de baloncesto del mundo y marcó una era estableciendo cosas básicas como el límite salarial que ahora se da por sentado. Su bautismo llegó en el draft de Michael Jordan, Hakeem Olajuwon, Charles Barkley y John Stockton, así que se puede decir que entró con buen pie.

El primero de los diez mandamientos de David Stern fue establecer un límite salarial en la liga, una medida que muchos han criticado pero que permite que franquicias de estados más pequeños, o con menos focos, que Celtics y Lakers accedan a la gloria. El ejemplo son los San Antonio Spurs, que, con un único número 1 desde 1997, han ganado 5 anillos a pesar de ser el 37.º mercado más relevante para los Estados Unidos a nivel publicitario.

Tras esto llegaría la NBA en directo. Sí, parece una obviedad pero hasta que tomó las riendas la liga no se veía en la televisión en directo, se grababan los partidos y se emitían en diferido. Pasó de estar a la altura de la NHL a la NFL, la liga más seguida. ¿En números? 7.000 millones de dólares en contratos.

El *tanking* era una de las mayores preocupaciones de la NBA cuando él llegó… y también cuando la dejó a pesar de que él creó la Lotería del Draft. Antes, el peor equipo tenía el mejor *pick*, por lo que a más derrotas, mejores jóvenes. Él dijo basta y estableció una lotería por la que las elecciones serían sorteadas entre los peores equipos teniendo el peor registro una ventaja estadística. Su primera lotería no estuvo exenta de polémica: los Knicks se llevaron a Ewing con el 1.

También fue el padre del Dream Team de USA en Barcelona 92, instauró el All Star Weekend y creó la WNBA y la D-League la liga femenina y la de «filiales» de la NBA.

¿Más? Bajo su mandato llegaron a la NBA franquicias como los Miami Heat, Orlando Magic, Minnesota Timberwolves y Charlotte Hornets en Estados Unidos además de los Vancouver Grizzlies y Toronto Raptors al otro lado de la frontera canadiense. Con los Bobcats, la NBA llegó a las 30 franquicias, además de reestructurar la liga a nivel de divisiones.

Una de sus decisiones más criticadas fue el código de vestimenta que instauró en la primera década del siglo XXI.

Muchos vieron en esta norma algo racista, pero lo cierto es que Stern acabó con los raperos y las cadenas. Las marcas vieron un filón en vestir a los Kobe Bryant, LeBron James… o Russell Westbrook.

El sueldo medio de un jugador de NBA pasó de 200.000 $ a 5 millones; las ventas de *merchandising*, de los 35 millones a los 3.000 millones; tuvo mano dura con el Malice at the Palace… y acabó con los Seattle Supersonics, su punto negro.

08 / 100

LEN BIAS

Leonard Kevin Bias nació para gobernar la NBA. De carácter reservado y amable, Bias se ganó de joven el mote de *Frosty* por ser «alto, fresco y tranquilo» según su reverendo. Pero detrás de ese mote hay un joven que no supo lidiar con la vida. Falleció con 22 años con 6,5 mg/litro de cocaína en la sangre. Era el 19 de junio de 1986, el día que murió, para muchos, la inocencia.

Mike Krzyzewski, técnico de Duke, dijo en 2004 que en 23 años al frente de la mítica universidad solo había visto a dos jugadores que le hubieran impresionado: Michael Jordan y Len Bias. Los Celtics le esperaban para dar aún más nivel a un *roster* campeón que ya tenía a Larry Bird, Robert Parish y Danny Ainge y que defendería título aquella temporada.

Fue la noche del 19 de junio, unos días después de ser drafteado por los Celtics, cuando el corazón de Len Bias dijo basta.

Elegido por Boston con el número 2 del draft de 1986 el día 17, Bias vivió unas horas interminables desde que Stern anunció su elección hasta que, por fin, pudo tumbarse en su cama unos segundos antes de volverse al campus de Maryland. Quería un Mercedes, tenía un Nissan deportivo y estaba diciendo adiós a su anterior vida para jugar en Boston. Larry Bird había prometido recortar sus vacaciones para conocerle cuanto antes, ¡Larry Bird!

Llegó a su casa y tras coger algo de ropa —de Reebok, que le tenía como contrapeso al icono de Nike, Michael Jordan— se dirigió al campus haciendo rugir su coche. Sus amigos le atosigaron como periodistas, lo que hizo que el joven de 22 años cerrara de un portazo y se adentrara en la noche.

Primero se compró seis cervezas, después fue a ver un amigo con el que compartió la primera experiencia con la cocaína de la noche, esnifada. No acabaría ahí. Después de que un policía le dejara ir a pesar de conducir más rápido de lo aconsejable, compró coñac para brindar «por el primer anillo de Bias con los Celtics» y, tras un par de vueltas, regresó al apartamento.

Sus amigos trataban de dormir pero él quería vivir la noche. Despertó a sus compañeros, a los que convenció con las cervezas que había comprado. Más cocaína, más alcohol. Acabó fumando una cocaína tremendamente pura (98%)... lo que le costó la vida.

Levantado a por agua, Lenny dio la primera muestra de sufrir un problema al tropezarse. Tenía las piernas entumecidas. Sufrió el primero de los tres ataques y sus compañeros de habitación llamaron al 911 mientras trataban de eliminar las pruebas. Len Bias se estaba muriendo.

Las emergencias de Maryland llegaron en ambulancia al campus y llevaron a Leonard a ser operado de urgencia: su corazón no aguantaba el ritmo de la noche. Defendieron hasta días después que solo habían bebido cerveza y que no había habido drogas, pero finalmente las dos autopsias que se le realizaron demostraron lo contrario. Las pruebas también evidenciaron que Bias no consumió alcohol ni tampoco otras drogas —hubo polvo de ángel en la habitación— aquella noche.

El agente de Bias descolgó el teléfono para hablar con el candidato demócrata, Robert Kennedy, para intentar que el mejor cardiólogo del estado llegara al Leland Memorial para tratar a Len Bias. Fue en vano.

Poco antes de las 9 de la mañana, el número 2 del draft de 1986, el futuro de los Boston Celtics y, lo más importante, un chico de 22 años, se apagaban para siempre.

Gracias a Gonzalo Vázquez por La última noche de Len Bias, *relato de las últimas horas de Len Bias.*

09 / 100

LOS BAD BOYS

Una elección del draft de 1981, un traspaso de 1982, otra elección en 1986, unas declaraciones de guerra, estopa, mucha estopa y *¡et voilà!* Tenemos equipo ganador. Los Bad Boys nacieron poco a poco, primero con Isiah Thomas, el bien llamado *Baby Faced Assassin* de la Universidad de Indiana, después con Bill Laimbeer y finalmente con Joe Dumars, al que más adelante se uniría uno de los mejores defensores de la época en la liga: Dennis Rodman.

Los play-offs de 1986 marcaron el inicio de un equipo mítico que plantaría cara a las mejores franquicias de la historia de la NBA: los Boston Celtics de Larry Bird y los Lakers de Magic Johnson. Casi nada.

Cayeron en primera ronda y en cuatro partidos —al mejor de cinco— ante los Atlanta Hawks, lo que hizo que el *roster* interiorizara una idea: había que ir más allá en la defensa. Y fueron mucho más allá. Su filosofía la definía, perfectamente, Bill Laimbeer: «Si hay que lesionar a un rival, se le lesiona.» Le costaría una sanción, claro. Pero ahí vino la clave.

Adrian Dantley e Isiah Thomas ponían los puntos (21 y 20, respectivamente) y el resto del equipo «bajaba el culo», es decir, defendía. El equipo fue el quinto mejor defensor de la temporada 1986-87, lo que le valió para llegar a la antesala de las finales de la NBA. Llevaron hasta el séptimo partido a los Celtics, que jugarían, y perderían, las finales contra los Lakers. La semilla estaba implantada.

Al año siguiente lograron su primer billete para las finales, pero la NBA repitió ganador con los Lakers, que todavía estaban un paso por delante del resto y levantaron el anillo de la mano de Worthy

—triple-doble en el séptimo— y de Magic. En ese equipo estaban Byron Scott, AC Green o Mychal Thompson, padre de Klay. De nada sirvió que 7 de los 9 jugadores de Detroit anotaran en dobles dígitos.

Se tomaron la revancha de los Celtics en la siguiente con un claro 3-0. Llegaron con 63 victorias en Regular Season y llegaron a las finales del Este invictos con otro 4-0 a los Bucks antes de imponerse por 4-2 a los Bulls de Michael Jordan. ¿La final? Los Lakers, claro. Y *vendetta*.

Ganaron los dos partidos en la Motown por 97-109 y 105-108 antes de viajar a LA y asestar una puñalada a los Lakers (114-110). No perdieron la oportunidad de ganar en territorio prohibido, de asaltar Hollywood y allí lograron el primer anillo en el cuarto con un marcador de 105 a 97. Joe Dumars se coronó como MVP con 27 puntos con Isiah en 21,3 y 7,3 asistencias. Un año más tarde, y ante los Blazers de Drexler, se repitió la historia.

Detroit sudó tinta para llegar a las finales, ya que ganaron en el séptimo a los Bulls de Jordan (32,1 puntos y 7 rebotes de media) y Pippen (16 + 6), pero una vez en The Finals sacaron el rodillo.

Portland ganó el segundo partido en Detroit con 33 de Drexler pero anotó por debajo del centenar de puntos en dos de los cinco choques y perdió por 3 (112-109) y por 2 (92-90) los dos últimos.

La dinastía de los Bad Boys acabó con el traspaso de Dantley que se unió al cambio de pabellón —al Palace de Auburn Hill, su casa hasta 2017. El viejo Pontiac Silverdome era una caldera, lejos del moderno Palace que, sin embargo, disfrutó de tres anillos de los Pistons en quince años. Curiosamente, los de Detroit fueron la franquicia con mayor afluencia de público desde la llegada de Isiah hasta el traslado al Palace, cuando fueron segundos y terceros respectivamente. Esos dos años, llegarían los anillos.

10 / 100

MICHAEL JORDAN

Los nacidos en los 80 no pueden entender el baloncesto sin Michael Jordan. Los de después, saben que cualquier gran jugador que puedan ver tendrá siempre la alargada sombra de este jugador nacido en Nueva York. Campeón olímpico en dos ocasiones, MVP de la NBA en cinco y campeón del Mundo con los Bulls seis veces en siete temporadas, *His Airness* dejó el poso que dejan los mejores, los más grandes. Dominó el baloncesto mundial desde mediados de los 80 —fue elegido en el draft de 1984— hasta finales de los 90, cuando anunció su segunda retirada tras firmar dos *three-peats* en una década.

A pesar de nacer en la Gran Manzana, Michael Jordan creció en Carolina del Norte, donde ahora es propietario de los Charlotte Hornets. Tuvo uno de los mejores mentores de la historia del baloncesto en la persona de Dean Smith, con quien ganó la División I en 1982 y el galardón al mejor jugador en 1982 y 1983. Ni siquiera todo esto sirvió al más grande de todos los tiempos para ser elegido como el primer jugador en su draft. Los Chicago Bulls aprovecharon los regalos de Rockets y Blazers —especialmente de los de Oregón, que eligieron a Sam Bowie— para llevarse al 23, un jugador legendario.

Ese mismo verano, y sin haber vestido aún el rojo de los Bulls, Michael Jordan formó parte del equipo olímpico estadounidense que ganó el Oro en los JJOO de Los Ángeles. Ocho años después repetiría logro con el primer equipo profesional —el llamado Dream Team— que participaría en unos juegos.

¿Cómo fue el impacto de MJ en los Bulls? Inmediato. Se llevó un merecidísimo Rookie of the Year tras promediar más de 28 puntos en su equipo y llevar a los Bulls a la postemporada. A finales de los 80, los de Illinois ya eran uno de los equipos a batir en el Este con Michael Jordan opositando a MVP.

No sería hasta el cambio de década cuando, en 1991, levantaría por primera vez el trofeo de campeón de la NBA. Le gustó y repitió suerte en 1992 y 1993 derrotando a Lakers, Blazers y Suns. Chicago recogió el testigo de otro equipo del Este, los Bad Boys de Detroit que habían llevado a la Motown los anillos de 1989 y 1990. La prematura retirada de Jordan daría la opción de ganar un anillo al número 1 de su draft, el nigeriano Hakeem Olajuwon, que se llevaría el del año de retirada de Jordan (1994) y el del mítico «I'm back» (1995). Después, Jordan.

No dio opción a los Sonics (2-4) y martirizó a los Utah Jazz con sus más míticos partidos. En las finales de 1997, los Bulls jugaron el quinto partido a domicilio empatados a 2 con los de Salt Lake City y Jordan se fue hasta los 38 puntos en un partido recordado para siempre como el Flu Game, el día que MJ destrozó a los Jazz con evidentes síntomas de la gripe que estaba pasando. Remataría la faena con 39 puntos en el sexto y definitivo.

Un año más tarde y en el mismo escenario, Jordan volvió a frotar la lámpara para arrebatar la gloria a los Utah Jazz.

John Stockton puso por delante a los Utah Jazz en el último minuto del sexto partido de las finales. Quedaban 40" para que Chicago y Utah jugaran un séptimo partido para dirimir quién se llevaba el título, pero Jordan decidió que era ahí y entonces.

Anotó una canasta para poner a un solo punto a los Bulls, le robó la cartera a Karl Malone en el otro lado y asumió, de buen grado, su responsabilidad de ejecutor. Llevó el balón hasta la línea de libres, cambió de mano dejando en nada la defensa de Byron Russell y anotó la canasta de todas las canastas, la última que anotaría con la camiseta de los Bulls y la que supondría el sexto anillo de su carrera.

11 / 100

IT'S MILLER TIME

«En 49 estados es solo baloncesto, pero esto es Indiana.» Está todo dicho. Decir baloncesto es decir Indiana igual que decir Indiana es decir baloncesto. Y en el equipo del Bankers —antiguo Conseco— hay un nombre que brilla por encima de todos los demás: Reggie Miller.

Born & raised en California y esculpido en los Bruins de UCLA, Miller solo defendió los colores de los Indiana Pacers durante su extensa carrera en la NBA a pesar de no lograr un anillo. Ni siquiera en sus últimos años y ya con unos Pacers venidos a menos decidió cambiar de aires buscando un bien merecido título. Es uno de los cuatro miembros de los Indiana Pacers que tiene su número —el 31— retirado de la circulación.

¿Por qué no olvidaremos a Miller? Porque fue capaz de anotar 39 puntos con 39 años para tirar de unos Pacers cojos tras el *Malice at the Palace*. Porque anotó 25 puntos en un cuarto en un partido de play-off o porque promedió 23,9 puntos en más de 100 partidos de postemporada. Y por su ensañamiento con los Knicks y con Spike Lee. Por sus 9 puntos en 8,9". Por su magia…y su *trash talking*. Miller era el rey.

Nació con problemas en las piernas y los médicos pensaron que nunca podría caminar pero Miller, el enemigo perfecto, tenía que hacerlo. Su padre le enseñó el juego pero también hizo lo propio con la hermana mayor de Reggie, Cheryl. Más grande que el 31, la mayor de los Miller taponaba casi cada intento de un hermano ultracompetitivo que comenzó a realizar sesiones de tiro de 500-700 lanzamientos diarios. Para superar a Cheryl, Reggie tuvo que empezar a practicar su tiro de larga distancia, un tiro que le haría entrar en el Basketball Hall of Fame.

Aterrizó en UCLA en 1983 y cuatro años después salió de los Bruins como el segundo máximo anotador de la historia además de llevarse el MVP del National Invitation Tournament con un 60% de acierto en tiros, casi nada. Solo Kareem Abdul Jabbar anotó más puntos con la camiseta celeste antes de Miller y así llegó a los Pacers en 1987.

Superó a Larry Bird como el *rookie* con más triples en su primer año en la liga y ya en su tercera temporada lideraba a los Indiana Pacers con 24,6 puntos, lo que le valió el primero de sus All Star. Su *career high* fueron 57 puntos pero lo que hará eterno a Miller será el *trash talking*. Si se teclea su nombre en un buscador y se va a imágenes, en los primeros resultados saldrá el 31 agitando su camiseta para que se vea «Indiana» y, cerca, la foto de Reggie Miller haciendo como que se ahorca.

Fue su partido. En un documental que todo amante de la NBA debe tener visto, se narra la obsesión de Reggie Miller por destrozar a los Knicks, creando de esta manera una rivalidad entre Indianápolis y la Gran Manzana. En 1994, New York eliminó a Indiana (3-4) en las finales del Este a pesar de que el 31 asaltó el Madison con 39 puntos en el *game 5*. Ese día y ante las quejas de Spike Lee, Miller hizo el gesto del ahorcado. Un año después y en el mismo templo, completaría su leyenda con 8 puntos en 9 segundos. Anotó un triple para poner a Indiana a 3, presionaron el saque y Anthony Mason sacó a donde no había ningún *knicker*. Miller recogió el balón, fue al triple, se levantó… y *chof*. Empate. John Starks, la némesis de *Killer* Miller, fallaría dos libres para Nueva York y el 31 ganaría el partido con dos lanzamientos desde la línea de 4,5.

12 / 100

DREAM TEAM

Si has nacido en los noventa o has empezado a seguir la NBA en esa década o la posterior habrás leído en demasiadas ocasiones que USA lleva un Dream Team a los Juegos Olímpicos o Mundiales. Pero no. Dream Team hubo uno. Inigualable, imbatible.

Hasta los Juegos Olímpicos de Barcelona, los Estados Unidos ganaron innumerables partidos actuando con jugadores no profesionales, como el resto del mundo. Sin embargo, en 1989 la FIBA modificó la normativa para que jugadores profesionales disputaran el torneo de baloncesto de los Juegos Olímpicos, incluyendo la NBA. La URSS, uno de los mejores equipos *humanos* de la época, votó en contra.

Así, los Estados Unidos tuvieron luz verde para llevar a jugadores de la NBA aunque aún había que matizar muchas cosas como el interés de las estrellas de la liga en ir. Ahí jugó un papel decisivo, una vez más, David Stern. El comisionado de la NBA convenció a las estrellas de la importancia de sumar un título olímpico a su palmarés y los jugadores respondieron. Así, Estados Unidos aterrizó en Barcelona con Michael Jordan, Scottie Pippen, John Stockton, Karl Malone, Larry Bird, Pat Ewing, David Robinson o Charles Barkley además de Magic Johnson, que estaba, oficialmente, retirado tras haber anunciado al mundo que estaba enfermo de VIH. El Team USA tuvo un guiño al básquet universitario dictaminando que el último hueco del *roster* lo completaría un jugador no profesional, que en ese caso fue Christian Laettner, por delante de Shaquille O'Neal. Una de las ausencias más destacadas siempre fue la de Isiah Thomas, que, según las malas lenguas, fue vetado por un Jordan harto de la actitud de la estrella de los Bad Boys en sus duelos del Este a finales de los 80 y principios de los 90.

Hospedados en un hotel de lujo —y antes en Montecarlo— los hombres de Chuck Daly se pasearon como el baloncesto mundial jamás olvidará. Ningún rival consiguió hacerle 90 puntos ni dejarle por debajo de los 100 y solo Croacia —dos veces: 33 y 32— y Puerto Rico —38— lograron que la desventaja fuera inferior a los 40 puntos. En su debut, aplastaron a Angola por 116 a 48 y en semifinales a Lituania por 127 a 76. Barkley fue el máximo anotador del equipo, promediando 18 puntos por partido con un 71% de acierto.

13 / 100

MAGIC

Earvin Johnson nació en Míchigan en 1957 y, como todo hombre de la Motown de la época, tiene lazos con la General Motors, donde trabajaba su padre. Nacido en el seno de una familia con nueve hijos, el joven Earvin entrenaba antes de ir al colegio y en edad júnior se ganó el apodo por el que todavía le conocemos: *Magic*. Se lo puso un redactor local que le vio hacer 36 puntos, capturar 16 rebotes y repartir 16 asistencias.

Durante su etapa universitaria se forjó una de las mayores rivalidades de la historia de la NBA entre Magic y Larry Bird, que, casualidad, seguiría durante sus años en la liga, ya que serían drafteados por Celtics y Lakers. Antes de llegar a la NBA, Magic Johnson lideró a los Spartans de Míchigan al título de la NCAA en 1979. ¿El rival? Larry, claro.

Ese mismo año, y con el primer *pick* bajo el brazo, un base de 22 años y 2,06 de altura aterrizaba en los Lakers, donde no se tomó con calma ni su primera temporada. En esos Lakers estaban Abdul-Jabbar y Wilkes y, de la mano de los tres, los angelinos se llevaron el título de la temporada 1979-80. ¿MVP de las finales? El *rookie*. Promedió 18 puntos, 10,5 rebotes, 9,4 asistencias y 3,1 robos en la serie. Casi nada.

Ganó el anillo también en 1982, 1985, 1987 y 1988, pero lo realmente significativo sucedió en octubre de 1991. Magic se encontraba con los Lakers en Salt Lake City, pero tuvo que regresar a Los Ángeles por una fatídica llamada. Los galenos angelinos le comunicaron su estado y dos semanas después, el 7 de noviembre, él anunció en una rueda de prensa multitudinaria que el VIH le apartaba de la NBA, aunque dejó claro que planeaba vivir «mucho más». Fue un golpe duro para el 32, ya que su mujer, Cookie, estaba embarazada de su primer hijo. Ambos pasarían entonces pruebas de VIH y darían negativo.

La rueda de prensa de Magic anunciando su enfermedad hizo que mucha gente comprendiera que no solo homosexuales o drogadictos podían padecer el síndrome de la inmunodeficiencia adquirida, el sida.

A pesar de la enfermedad, Magic formó parte, como algo simbólico, del Dream Team de Barcelona 92, donde se colgó la medalla de Oro junto a Bird, Jordan o Barkley. Tras un verano dorado, Magic planeaba volver a la liga, pero se encontró con que varios profesionales no querían compartir vestuario ni parquet con un enfermo de VIH y dio prácticamente por finalizada su carrera en la NBA.

Volvió en 1995, tras cuatro años sin jugar, y promedió 14 puntos y 7 asistencias con los Lakers, la franquicia de su vida, de la que fue presidente hasta 2018.

«Para mí, Magic es un héroe, un héroe para cualquiera que ame el deporte», diría de él George Bush —padre— cuando el base de los Lakers anunció su enfermedad.

14 / 100

TWEET

Los más jóvenes le recordarán como arquitecto de los últimos Pacers ganadores (2011-2013) y los chicos de los 90 por salir en *Space Jam* con Michael Jordan y Bill Murray, pero Larry Bird es más, es mucho más que eso. Estrella del baloncesto del estado de Indianápolis y mito viviente del *green pride* de los Boston Celtics, Bird es el primero de la historia en ser nombrado MVP de la NBA (1984, 1985 y 1986), entrenador del año (1998) y, por último, ejecutivo del año por los ya citados Pacers (2012).

Creció en West Baden en el seno de una familia a la que no le sobró nunca nada. Su padre, Joe Bird, se pegó un tiro cuando Larry —que no lloraría por él— tenía 18 años.

Excombatiente de la Armada de los Estados Unidos, Joe Bird se suicidó en casa de sus padres tras pedirle la madre de Larry —Georgia— el divorcio. Sufría problemas desde que regresara de la Guerra de Corea, donde perdió a su mejor amigo.

En ese paisaje creció Larry Bird, una de las mayores leyendas de la NBA que llegó al baloncesto de casualidad. «Nos falta uno, ¿vienes?», le preguntaron sus primos. Asintió pensando, iluso de él, que jugarían a béisbol pero no, vio la maldita pelota naranja. Empezó a tirar a la canasta y no hacía más que anotar. Sacó el orgullo de ser bueno en ello y se dedicó al baloncesto.

Dejó el instituto de Springs Valley como el mejor jugador de su historia y su foto luce en un pabellón que está en el Larry Bird Boulevard.

El siguiente paso fue la Universidad de Indiana, donde promedió 32,8, 30 y 28,6 puntos por partido en tres temporadas como *hoosier*.

Su buen hacer en Indiana State no pasó desapercibido para una mente adelantada a su época como la de Red Auerbach. El jefe de los Celtics eligió a Larry Bird con el *pick* número 6 del draft de 1978, a pesar de que era consciente de que Larry no daría el salto y seguiría en la universidad. Posteriormente, la NBA cambió las normas para que no se pudiera elegir a jugadores que no iban a jugar en la liga. Firmó un contrato de 650.000 $/año, récord hasta la fecha para los *rookies*.

Fue el mejor novato del año 1979-80, All Star en todas las campañas salvo en la 1988-89, en la que jugó seis partidos por las lesiones, y en todas sus temporadas menos en dos —la citada y la 1990-91— anotó por encima de los 20 puntos.

Llegó a unos Celtics donde estaban Tiny Archibald o un veterano Pete Maravich pero donde el mejor era él, con solo 23 años. Promediaba un acierto del 40% en triples, 21,3 puntos y 10,4 rebotes, además de 4,5 asistencias.

Pasaron de ganar 29 partidos y perder 53 a invertir el balance y acabar con 61 victorias y solo 21 derrotas, lo que le hizo acreedor del Rookie of the Year por delante de su máximo rival en el baloncesto universitario: Earvin Johnson, que había sido seleccionado —en 1979— por los Lakers. Ese duelo se repetiría durante muchos años en la NBA.

El verano de transición entre *rookie* y *sophomore* tuvo buenas noticias para los Celtics y para Bird, que lograron fichar a Robert Parish y seleccionaron a Kevin McHale, dando inicio a uno de los mejores tríos de la historia de la NBA en número de victorias.

En 1992 y con el oro de Barcelona colgando del cuello, Larry Bird dejó la NBA con 897 partidos —todos de verde— 21.791 puntos, 8.974 rebotes y 5.695 asistencias para la parroquia de Boston.

Ganó tres veces la NBA, fue elegido MVP de dos de aquellos títulos y se coló en diez ocasiones en quintetos All NBA.

Como curiosidad, el logo de Twitter es un pájaro de nombre Larry en honor a Bird, ya que Jack Dorsey es un declarado fan del mítico 33 de los Celtics.

15 / 100

ARTÍCULO 34

Nació en Newark, creció en Alemania y tiranizó las zonas de la NBA durante más de una década. Shaquille Rashaun O'Neal llegó al mundo en Newark el 6 de marzo de 1972, aunque fue descubierto para el baloncesto en la República Democrática de Alemania.

Allí sería descubierto por Dale Brown, un hombre que quería llevárselo a Estados Unidos lo más rápido posible. «¿Cuánto llevas en el servicio, chico?», le preguntó. «Soy muy joven para el servicio militar, señor. Tengo solo 13 años», le respondió él. Medía 2,03.

De vuelta en los States, *Shaq* comenzó su idilio con la pelota, el aro… y su relación de amor-odio con los tableros. Lideró al colegio de secundaria de Robert G. Cole a un balance de 68-0 en dos años. Defendió los colores de la Universidad de Luisiana (LSU), donde se reencontró con Brown y fue uno de los mejores jóvenes del país. En 1992 se quedó a un paso de ser elegido para defender los colores de Estados Unidos en aquel mítico Dream Team de los Jordan, Bird, Magic y Malone. Como norma, el equipo americano llevaba siempre a un jugador de la NCAA y Shaq fue candidato a ese puesto junto con Alonzo Mourning y Christian Laettner, que fue quien finalmente acudió a Barcelona.

Los Orlando Magic serían su primer destino en la NBA, ya que tenían el número 1 del draft de 1992. En su primer año en la Liga, Shaq fue clave para que se quedaran a un paso de la postemporada tras ganar 20 partidos más que la temporada precedente. 23,4 puntos y 13,9 rebotes del *rookie* tuvieron mucha culpa del incremento. Jugó su primer All Star, se llevó el Rookie of the Year… y rompió dos tableros.

Su carrera fue creciendo brutalmente, como *sophomore* promedió 29 puntos con un 60% en tiros de campo y ese mismo año logró 24 puntos, 28 rebotes y 15 tapones ante los Nets. Casi nada. Al término del mismo, se colgó la medalla de Campeón del Mundo con USA tras ganar 138-91 a Rusia en la final. Se plantó en su primera final de la NBA en su tercer año y tras eliminar a los Bulls el año del regreso de Jordan, aunque Hakeem Olajuwon y sus Rockets fueron demasiado grandes para ser tumbados por los de Florida.

Terminó su contrato *rookie* con los Magic el mismo año que fue Campeón Olímpico en Atlanta y aterrizó en Hollywood para jugar siete años en los Lakers por 122 millones de dólares. Curiosamente, para entonces ya había debutado en el cine.

A pesar de Shaq —26, 28 y 26 puntos por partido—, los Lakers tardaron cuatro años en ganar. Dieron comienzo entonces al famoso Three Peat, que protagonizaron Shaq y Kobe con Phil Jackson a los mandos.

Si la era de Shaq fue de cine, la caída del proyecto no pudo ser menos de película. Los Lakers firmaron a Gary Payton y Karl Malone para completar un *roster* de época y reconquistar la NBA tras perder la posibilidad del cuarto anillo en la 2002-03. No se puede considerar un fracaso mayúsculo, ya que los Lakers llegaron a la final pero los Wallace, Prince y Billups dieron buena cuenta de los Lakers en las finales de 2004.

Buss fulminó a Phil Jackson y O'Neal pidió el traspaso ante el estatus de estrella que Bryant tenía por delante de él. Dallas le quiso pero Cuban no quiso enviar a Nowitzki y finalmente Shaq llegó a Miami, donde lideraría a los Heat de un joven Wade a su primer anillo. Después iniciaría un ocaso ajetreado en su carrera y jugaría en Phoenix, Cleveland y Boston.

Se retiró vistiendo las camisetas de las dos franquicias más laureadas de la historia —Boston y Lakers— y, además, jugó con Bryant, LeBron James, Wade y Pierce.

Acabó con 1.207 partidos de Regular Season con unos promedios de 23,7 puntos, casi 11 rebotes y, a pesar de fallar la mitad de los tiros libres que intentó en su carrera, con 28.596 puntos.

16 / 100

GUSANO

Casado con Carmen Electra durante solo nueve días y amigo íntimo de Kim Jong-Un, Dennis Rodman fue, también, uno de los mejores jugadores de la NBA en la década de los noventa. Además, sin duda alguna, el más excéntrico. Fue el primer jugador en querer lucir el 69 pero la NBA se lo prohibió y debutó en los Mavericks con el 70. Su gozo en un pozo.

La historia de Rodman es la de una de las personalidades más especiales en la liga. Fue drafteado por Detroit con 25 años, ya que dejó el baloncesto estudiantil por falta de tiempo y el fútbol —americano— tras ser expulsado del equipo de su *college*. Con 20 años y mientras trabajaba como portero en el aeropuerto, Rodman comenzó a labrarse un nombre en el baloncesto callejero de su Dallas natal. Tenía 18 años y, entonces sí, entró en el Cooke County Junior College en Gainesville, donde promedió casi 26 puntos y 16 rebotes por partido. El gusano cayó de pie en la NBA, llegando a unos Pistons que jugaban el baloncesto que mejor le iba: el que les valió el nombre de Bad Boys. Tres años después de llegar a la NBA, Rodman levantó su primer anillo con Chuck Daly, una de las pocas personas a las que Dennis profesó un amor y un respeto incondicional. Sus números en los Pistons nunca brillaron como los de una estrella, pero los intangibles eran otra cosa. Rodman amaba el estilo de los Pistons igual que el estilo quería que él lo jugara. Puso su corazón a disposición de la Motor City de Míchigan y allí es considerado, todavía hoy, como uno de los mejores jugadores de su historia. En siete temporadas promedió 8 puntos y 11 rebotes, lo que parece algo normal pero hay letra pequeña. Rodman fue de menos a más y acabó promediando la cifra de 18 rebotes por partido en la temporada 1992-93, la última con los Pistons antes de que Daly se marchara y él fuera traspasado a los San Antonio Spurs. Estuvo dos años como paso previo a llegar a Chicago. Promedió 15 rebotes en seis de las siete temporadas que fueron desde 1991 hasta 1998, quedándose una décima por debajo (14,9) en la 1995-96, la primera en los Bulls. Con Jordan se pondría tres anillos más para completar un total de cinco. Jugó en Dallas —con el 70— y en los Lakers antes de retirarse.

¿Por qué es tan querido o recordado Rodman? Porque su carrera iba mucho más allá de la pista de baloncesto. Además del matrimonio con Carmen Electra, pagó una multa de 200.000 $ a un cámara por golpearle —según se dictaminó— intencionadamente en la entrepierna mientras luchaba por un balón suelto en pleno partido. Más dinero aún —300 de los grandes— era el que Rodman debía en pensiones de manutención de sus hijos a la madre de los mismos en 2010, 12 años después de cerrar una carrera que le reportó casi 27 millones de dólares.

En 1993, y antes de salir de los Pistons, Rodman fue encontrado en un coche, armado. En un primer momento se negó que planeara suicidarse, pero más tarde se supo que era la idea del polémico jugador y que fue el periodista Craig Sager quien lo evitó. Según se publicó, Rodman había escrito una nota de suicidio y el fallecido periodista le encontró en un club de *striptease*, donde le convenció de su absurdidad. El *forward* pidió entonces el traspaso y se fue a los Spurs.

En 1995 se enroló en las filas de los Chicago Bulls, donde compartió con Jordan la gloria. Ganaron los títulos de 1996, 1997 y 1998 con Rodman jugando un papel vital en los dos primeros.

17 / 100

AMOR EN SALT LAKE CITY

«Dime qué base tienes y te diré a qué juegas», reza la frase. Pues en Salt Lake City saben un rato de eso. Más de 1.400 partidos compartieron pista, colores y objetivo un base —John Stockton— y un *center* —Karl Malone— que individualmente serán historia del baloncesto pero como dúo lo serán aún más. ¿Su único problema? Compartieron época con Michael Jordan y fueron su víctima preferida. ¿Su legado? Una calle cercana al pabellón lleva el nombre de Stockton y ambos están inmortalizados en bronce en los aledaños del Vivint Smart Home Arena. Casi nada.

Y es que la historia de los Utah Jazz no se puede entender sin el base de la Universidad Gonzaga, muy criticado en sus orígenes. Frank Layden apostó por un *guard* con, aparentemente, poco físico. Un base blanco. Un base tremendamente religioso, un base que no se saldría nunca del guion, pero que escribiría su propia historia. Un año después llegó Karl Malone a Utah, donde los Jazz aterrizaron procedentes de Nueva Orleans en la década de los 80. Y con ellos se fue Adrian Dantley para darles plenos poderes a los dos. En 1988 llegó Jerry Sloan, entrenador de los Jazz hasta 2011, siendo uno de los mejores entrenadores de la historia de la NBA y, evidentemente, el mejor de la franquicia del estado mormón.

Cualquier aficionado de la época se sabía de memoria el estilo de juego de los Utah Jazz, pero nadie podía parar ese histórico *pick & roll*. Karl Malone era —todavía en 2019— el segundo máximo anotador de la historia de la NBA y en la clasificación de asistencias nadie estaba por encima de Stockton. Extrapolado a más de 1.400 partidos, el resultado es el evidente: los Jazz tomaron con su dúo de moda su mejor equipo y uno de los mejores de la historia de la NBA. Pero estaba Jordan.

Fueron a los play-offs en todas y cada una de sus 18 temporadas juntos en los Utah Jazz y llegaron a cinco finales de la Conferencia Oeste en siete temporadas en las que se plantaron en las finales de la NBA en dos, ambas contra Jordan y sus Chicago Bulls, en 1997 y 1998. Sufrieron el partido de la fiebre de Jordan (The Flu Game) y también el tiro ganador más icónico de la historia (The Last Shot). Cayeron en ambas finales por 2-4, teniendo ventaja de campo en 1997.

Malone promedió 25 puntos y 10,2 rebotes en sus 18 temporadas en los Utah Jazz mientras su compañero perfecto sumaba 13,1 puntos, 10,5 asistencias y 2,2 robos, lo que le convierten también en el mejor ladrón de la historia de la liga: más de 600 robos por encima del segundo, Jason Kidd. El propio base de Suns, Mavericks, Nets o Knicks está por detrás de Stockton en las asistencias históricas, a casi 4.000 del de Gonzaga.

La aparente falta de físico la paliaba Stockton con una de las mentes más maravillosas y analíticas de la NBA. Tímido y nada dado a los excesos, el base de los Jazz anunció su retirada con una escueta nota en el verano de 2003 cuando Malone se marchó a los Lakers. Se puso fin no solo a una de las mejores duplas de la historia de la NBA; también a la más romántica y fiel.

18 / 100

HOLLYWOOD

Cualquier persona nacida en los 90 recuerda *Space Jam* como una de las películas más icónicas de su infancia. Estrenada en 1996, fue la primera vez que muchos jóvenes conocieron a Michael Jordan y lo hicieron de aquella manera, jugando un partido contra unos marcianos, acompañado por Bill Murray y Bugs Bunny.

La historia comienza en la temporada posterior a la retirada de Michael Jordan. *Su Majestad* es ahora jugador de los Birmingham Barons, filial de los Chicago White Sox de la MLB, la primera liga nacional de béisbol. Paralelamente, en Tontolandia el Sr. Swackhammer envía a sus vasallos a tratar de obligar a los Looney Tunes a unirse a su parque de atracciones. Bunny y Cía. les retan a un partido de baloncesto debido a su baja estatura, pero no cuentan con que los villanos se colarán en diferentes pabellones de la NBA para robar las habilidades de cinco de los mejores jugadores de la época como son Charles Barkley, Patrick Ewing, Muggsy Bogues, Larry Johnson y Shawn Bradley.

Visto el cambio de los rivales, los Looney Tunes buscan en Michael Jordan a su salvador.

Estrenada en 1996 bajo el título de *Space Jam* en todo el mundo —no se tradujo en los países hispanohablantes—, la película triplicó su presupuesto de 80 millones hasta lograr unas ganancias que superaron los 240 millones de dólares mientras estuvo en pantalla. Más de veinte años después, *Space Jam* es un clásico del cine para niños que ven en el duelo ante los Monstars su primer partido de Michael Jordan.

También dos décadas después, y tras correr ríos de tinta sobre la secuela, la Warner confirmó que LeBron James sería el protagonista de la segunda parte de *Space Jam*.

Los amantes del baloncesto que quieran acercarse al deporte a través de la pequeña pantalla podrían empezar con Jordan y Bugs Bunny, pero la oferta ha sido siempre notable. Empezando por *Hoosiers: más que ídolos*, que se estrenó en 1986 y que logró tal relevancia en Indianápolis que los Pacers estrenaron en 2015 una camiseta basada en los colores del equipo del film y la utilizan cada año como un clásico. Kevin Durant protagonizó *Thunderstuck* en 2012, en la que transfería su talento a un joven de Oklahoma. *Like Mike* vio pasear por su rodaje en el año 2002 a Shaquille O'Neal, Vince Carter, Michael Finley, Steve Nash, Allen Iverson o el almirante David Robinson. Ray Allen protagonizó junto a Denzel Washington *He got game* en 1998, pero, si hablamos de películas de baloncesto, *Coach Carter* debe estar la primera.

Basada en una historia real —la del entrenador Ken Carter (Samuel L. Jackson)—, el film cuenta cómo a su llegada revolucionó el programa de baloncesto del Richmond High School combinando el baloncesto y los estudios.

19 / 100

LA MAMBA

La mamba negra (*Dendroaspis polylepis*) es la serpiente más venenosa de África. Y la *Mamba Negra* fue, también, la más venenosa de la NBA en la primera década del siglo XXI.

Nació en Filadelfia como hijo de un exjugador de baloncesto —Joe Bryant— que por aquel entonces jugaba en los Sixers. Cuando el joven Kobe tenía 6 años, su padre fichó por un equipo italiano y dejó atrás los Estados Unidos. Allí aprendería italiano, castellano y se enamoraría del *soccer* hasta el punto de hacerse fan de AC Milan y FC Barcelona. Pero su destino era otro, era ser leyenda de la canasta.

De vuelta en los States, Kobe comenzó a trabajar con los Sixers con un ojo puesto en la NBA tras llevar cuatro años seguidos al Lower Merion High School a la lucha por el título estatal. A pesar de sus buenas notas, Bryant decidió dar el salto desde el instituto de Filadelfia a la NBA, donde los Charlotte Hornets le eligieron con el *pick* número 13. No duraría mucho en Carolina, donde el propio Kobe admitió que no quería jugar, y aterrizó en los Lakers a cambio de Vlade Divac, el hombre que pudo cambiar la historia reciente de la NBA. Los 7,6 puntos y menos de 2 rebotes por partido que promedió en los 71 partidos que disputó en su temporada *rookie* no dieron la razón del *trade* a los Lakers, pero el *sophomore* mejoró mucho al novato y, ya en 1998, el All Star Game vio el debut de Kobe Bryant con solo 19 años. El más joven de la historia en ser llamado para un partido de las estrellas. Para su tercera temporada, la segunda y última vez que no sería elegido para el All Star Game, Kobe ya promediaba casi 20 puntos. De los 20, hasta 2015, solo se bajaría en la 2013-14, en la que jugó solo 6 partidos después de romperse el tendón de Aquiles y antes de hacer lo propio con el manguito rotador del hombro, una lesión que le hizo jugar medio partido tirando solo con la izquierda.

Kobe formó con Shaquille O'Neal uno de los dúos más dominantes de la historia de la NBA y completó un *three peat* entre 1999 y 2002, un *three peat* que acabó como el rosario de la aurora cuando Shaq vio a los Lakers apoyar más a Kobe que a él y pidió el traspaso. Acabó en los Heat en un *trade* que se vio como una derrota para LA, pero que sirvió para poner otro cimiento en la siguiente época dorada de la franquicia, ya que supuso la llegada de Lamar Odom.

En 2004, los Lakers comenzaron un peregrinar por el desierto del que solo Bryant y su ya mítica Mamba Mentality se salvaban. Anotó 81 puntos ante los Raptors en enero de 2006 y consiguió otro hito al sumar él solo más puntos que todos los Dallas Mavericks durante tres cuartos un mes antes (62 él, 61 ellos). Le preguntaron si quería salir para llegar a 70 y él dijo que no, que ya lo lograría otro día. «No sabías cuándo, pero sabías que iba a pasar», dijo su excompañero Deveon George sobre el día que Kobe se comió a los Raptors. Se llevó el MVP de la 2007-08, el año que los Lakers comenzaron un trienio histórico. Ficharon a Pau Gasol en febrero de 2008 y ese mismo año se colaron en unas finales de la NBA que eran objetivo a 2-3 años. Caerían ante Boston pero lograrían los anillos siguientes ante Orlando (4-1 en 2009) y ante los propios Celtics (4-3 en 2010).

Los Lakers se deshicieron poco a poco, cayeron víctimas de un proyecto faraónico más propio de Hollywood que del Staples Center y así navegó, por los bajos fondos, Kobe Bryant en sus últimos años. Tuvo tiempo de vestirse de superhéroe para meter a los Lakers de Nash, Howard, Artest y Gasol en play-offs él solo, pero se rompió. Empezó un ocaso marcado por las lesiones que, al menos, le permitió superar a Jordan como tercer máximo anotador de la historia de la NBA y despedirse haciendo 60 puntos a los Utah Jazz. *Mamba out*.

20 / 100

DIVAC SAID NO

Para que Kobe Bryant llegara a los Lakers, la franquicia dorada y púrpura tuvo que decir adiós —finalmente fue un hasta luego— a Vlade Divac. El *center* yugoslavo salía de los Lakers para jugar en los Charlotte Hornets, pero no las tuvo todas consigo desde el principio.

«Mi filosofía era jugar al baloncesto por diversión. Ir a un sitio que no quería simplemente porque alguien me mandaba no me gustaba. Así que pensé en la retirada», dijo al respecto.

Y es que, veinte años después de la llegada de Kobe Bryant, Divac habló con medios estadounidenses para expresar su sentir. El yugoslavo estaba, evidentemente, de vacaciones y recibió la noticia en Europa cuando descansaba: «Sentí como si alguien me hubiera golpeado con un martillo en la cabeza. Era la primera vez en mi carrera que algo no salía de la manera en que yo lo planeaba, estaba devastado, pensaba "yo juego por diversión"», dijo. También explicó que cuando llegó con su primer cheque a casa su padre le preguntó: «¿Quién te dio esto? ¿Están locos? ¿Saben que jugarías incluso sin que te pagaran?»

Los Angeles Lakers pusieron la primera pieza de un dúo —Kobe y Shaq— que le daría tres anillos de forma consecutiva a la franquicia, pero en el otro lado quedó Divac, destrozado. Daría grandes años de su carrera a los Sacramento Kings, con los que estuvo a punto de llegar a las finales de la NBA, aunque fueron eliminados, casualmente, por los Lakers.

El yugoslavo también explicó que el paso del tiempo le ha calmado sobre lo que pensaba respecto al *trade*. Como uno de los mejores jugadores europeos de la época, fue un palo para Divac ser traspasado a cambio de un joven de 17 años que ni siquiera había sido una de las elecciones más altas del draft, pero lo que Kobe Bryant hizo después en la NBA es lo que da sentido: «Si te traspasan por Kobe significa que no eres malo. Te da una perspectiva sobre lo que significabas para la franquicia», dijo.

El cambio de Divac por un *rookie* permitió a los Lakers ir a la agencia libre y fichar a Shaquille O'Neal. El traspaso de Kobe se hizo oficial el 11 de julio de 1996; la llegada de Shaq como agente libre, el 18 del mismo mes. El resto, historia del baloncesto mundial.

21 / 100

ROBIN HOOD

El mejor jugador europeo de la historia en la NBA no lo es porque sí, no lo es porque nos hayamos empeñado nosotros, lo es por lo que ha hecho él. Cerca de superar a Wilt Chamberlain en la lista de máximos anotadores, Nowitzki pasará a los anales de la historia como uno de los culpables de la renovación del baloncesto en la primera década del siglo XXI. Un 7 pies, alemán, blanco y que llegaba de la segunda división de su país tuvo que llegar a la liga para que los ala pívots se pensaran, de verdad, que podían tirar sin ningún problema, que la evolución estaba ahí.

Nowitzki fue elegido en el draft por los Milwaukee Bucks en el puesto número 9 de 1998, pero los Dallas Mavericks enviaron a Robert Traylor a Wisconsin y el joven alemán, de solo 20 años, llegó a Texas tras una charla con Don Nelson que le prometió que podría jugar con Alemania en la fase de clasificación para los Juegos Olímpicos de Sidney 2000. El resto, historia.

Historia con mayúsculas, ya que hablamos de uno de los mayores robos de la historia del draft, uno de los mejores jugadores de la NBA en su historia, el mejor alemán, el mejor europeo —en versión NBA— y, obviamente, el mejor jugador que los Dallas Mavericks hayan visto jamás. Por si fuera poco, Nowitzki es un ejemplo de fidelidad poco visto en la liga. Se convertirá en el jugador con más temporadas defendiendo una camiseta al término del contrato que firmó en verano de 2017 y que le tuvo en los Mavericks hasta 2019. 21 temporadas con el azul tejano.

Su primer año en Dallas fue el único año en el que el alemán ha promediado menos de 10 puntos por partido. Se quedó en unos 8,2 que le hicieron dudar sobre si había tomado la decisión correcta, ya que antes de dar el salto pensó jugar una temporada más en Alemania.

Un gran trabajo de verano después, Nowitzki pasó de 8 puntos a 17,5 y de 3,4 a 6,5 rebotes, que fueron 21,8 y 9,2 en su tercer año y 23,4 y 9,9 en el cuarto, su primero en el All Star. ¿El primer récord positivo de Dallas en más de 11 años? Con Dirk al frente. Los Mavericks no ganaron un único partido de play-offs en la década de los noventa, pero con *Robin Hood* de corto la historia era diferente.

Los números de Dirk fueron creciendo según pasaron los años y Michael Finley no dudó en hablar del alemán como el *go-to-guy* de los Mavericks en partidos importantes. Un jugador capaz de anotar 39 puntos en el duelo decisivo ante los Timberwolves a pesar de jugar con un importante esguince en el tobillo. En verano de 2004, Dirk ganó varios enteros en el *roster* de los Mavericks cuando Steve Nash decidió abandonar la franquicia para volver al equipo que le drafteó: los Phoenix Suns.

Nowitzki perdió a su mejor socio dentro y fuera de la pista, lo que no fue una rémora para nada en su juego. Pasó de 21 a 26 puntos por partido, volvió a ser seleccionado en el All Star por cuarto año consecutivo —iría sin interrupción desde 2002 hasta 2012—, pero los Mavericks cayeron ante los Suns en play-offs en una eliminación de la que él asumió su culpa.

Un año después, y ya como candidato sólido al MVP —se lo llevaría en 2007—, Nowitzki llevó a los Mavericks a las finales de la NBA ante los Miami Heat de Wade y Shaq. Promedió 27 puntos y 11,7 rebotes, pero no pudo evitar que los de Florida remontaran una serie que Dallas comenzó ganando por 2-0. La revancha llegaría, ante los mismos Heat, seis años después cuando LeBron James, Chris Bosh y Dwyane Wade vieron cómo Nowitzki, Kidd, Marion o Ty Chandler se llevaron, contra todo pronóstico, el anillo del primer año del Big Three de Miami. 27 puntos, 8 rebotes y 2 asistencias de media llevaron la firma del mito alemán.

El legado de Nowitzki será su MVP de 2007, su anillo de 2011 pero también sus 16 play-offs en 19 años y sus 16 años consecutivos teniendo un balance no negativo con los Mavericks. Tuvo un 41-41 en 2013; el resto fueron todos positivos hasta la 2016-17.

22 / 100

THE TRUTH

¿Cómo es posible que un californiano sea el emblema de los Celtics, un hombre que sangra verde? ¿Y cómo pudo ser apuñalado hasta en 11 ocasiones una noche y jugar, como si nada, semanas después con la mítica camiseta verde? Porque Paul Pierce es *solo* baloncesto pero *The Truth* va mucho más allá. Lo primero sucedió en 2000; lo segundo, el mote, lo firmó Shaquille O'Neal una temporada más tarde, en 2001.

Pierce nació y creció en California. Nació en Oakland, la casa de los Golden State Warriors, y creció en Inglewood, un lugar que inevitablemente estará siempre ligado a dos factores muy diferentes: por un lado está Paul Pierce, su ciudadano más ilustre, pero por el otro están los Lakers, que jugarían durante casi 30 años allí como locales. Pierce, leyenda de los Celtics, por un lado, y los Lakers, eterno rival de la dinastía verde, por el otro.

Su historia es la de un hombre que se hizo poco a poco a sí mismo. No jugaba en el High School de Inglewood y pensó en cambiar de aires antes de meterse sesiones de gimnasio que solo él podía aguantar y demostrar al mundo que podía liderar el equipo. Participó en el McDonald's All American en 1995, donde se reunieron los mejores jugadores de High School de los Estados Unidos y donde Pierce coincidió, por primera vez, con un hombre que marcaría su legado en la NBA: Kevin Garnett. Tampoco faltaron Chauncey Billups, Antawn Jamison o el díscolo Stephon Marbury.

De ahí, Pierce hizo las maletas y se fue a Kansas, donde estuvo tres años antes de entrar en la mejor liga de baloncesto del mundo. No fue una elección alta —número 10—, pero llegaba a la mejor franquicia de la historia, una que buscaba recuperar su sitio en la liga. Lo logró con él. Fue tercero en un Rookie of the Year de mucho nivel —se lo llevó Vince Carter— y promedió 16 puntos. Era su carta de presentación en la liga.

19,5 fueron los que anotaría en su segunda temporada y en la tercera se fue hasta los 25. Entre la segunda y la tercera, Paul Pierce se metió a evitar una pelea en el Buzz Club, un lugar de fiesta de Boston, y recibió 11 puñaladas además de un botellazo. Era el 25 de septiembre de 2000 y los Celtics veían peligrar la temporada de su estrella. No se perdería ningún partido y fue el único *celtic* en vestirse de corto en los 82 partidos.

Subido a los 20 puntos de promedio, se mantuvo durante siete largas temporadas bajando a 19,6 la temporada de su único anillo. Anotó por encima de los 18 puntos en 14 de sus 15 temporadas en los Boston Celtics, lo que le vale ser el segundo máximo anotador de la franquicia más laureada de la historia.

En algunos casos, el declive de un jugador comienza a los 30 años, pero no fue su caso, ya que ganó la NBA y el MVP de las finales con 31. Su declive comenzó el día que fue presentado en Brooklyn con la camiseta de los nuevos Nets. A cambio, los Celtics lograron todas las piezas necesarias para reconstruir una franquicia que tenía mala pinta después de Pierce, Garnett y Rondo. Jugó en Nets, Wizards y Clippers para retirarse como jugador del orgullo verde en verano de 2017 en un gesto simbólico.

Su 34 nunca más será utilizado en la franquicia que lo elevó al techo del Garden de Boston en febrero de 2018.

God bless The Truth.

23 / 100

A VIDA O MUERTE

«Me río de aquellos que pensaban que era el siguiente —Michael Jordan— porque no, no lo era». Durante el verano de 2013, el mal llamado heredero de Jordan manejaba ofertas de todos los colores. Estaban los que querían que alargara su carrera un año más —Clippers— y los que le veían como una voz autorizada, una voz que debía ser escuchada y le querían de analista de baloncesto en diferentes televisiones. Finalmente, ni una ni otra. Grant Hill puso punto final a una buena carrera que apuntaba a ser brillante pero que las lesiones dejaron en notable, con un ocaso brillante en Orlando, Phoenix y Clippers tras perderse una temporada completa con 31 años. Su primera —y única— temporada disputando los 82 partidos la tuvo con 36 años en un equipo que corría y luego preguntaba, los Suns de Steve Nash.

¿Qué pasó con Grant Hill? Fue una estrella, de verdad, en Detroit, donde promedió 19,9, 20,2, 21,4, 21,1 (dos años seguidos) y 25,8 puntos, pero no salió de ahí. Un inofensivo esguince de tobillo quebró su carrera y lo que los Magic firmaron por 93 millones y siete años fue una sombra, un espectro. Jugó en seis de las siete temporadas firmadas con la camiseta de la franquicia de Florida pero solo en dos superó los 30 partidos. En medio, la 2003-04 en blanco por la lesión de tobillo.

Era un esguince, sin más. Molestaba. Filadelfia, año 2000. Encarando el final de la que sería su última temporada en Detroit, Grant Hill cayó lesionado a pocas fechas de la postemporada. No jugó más en Regular Season, pero sí lo hizo en los play-offs. Lo que empezó como un esguince acabó con tremendos dolores y con una operación necesaria para colocarle el tobillo. Semanas después de la intervención, y con 40 de fiebre, a Hill le encontraron una grave infección de estafilococos que obligó a los médicos a retirarle la férula del tobillo y operarle a vida o muerte. Hill volvería con 67 partidos y 19 puntos en la temporada 2004-05, pero más que un milagro médico quedó en un dechado de virtudes. Hill era muy bueno, pero físicamente era de cristal.

Todo lo que hizo después fue fruto de uno de los mayores talentos que el baloncesto americano ha esculpido en toda su historia. Todo lo que no, quedará para el recuerdo como un *what if...*, un qué habría pasado si Grant Hill no hubiera lastimado ese tobillo. Nunca se sabrá.

Los números de Hill hablan pero no cantan. 1.026 partidos en la NBA con Detroit, Orlando, Phoenix y los Clippers. 16,7 puntos, 6 rebotes y 4 asistencias de media en más de mil noches. Eso sí habla de Hill.

El primer *point forward* moderno, un hombre capaz de hacer de todo y de hacerlo bien, un jugador con 29 triples-dobles en su etapa en Detroit. El mejor pasador entre los grandes, el mejor reboteador de los no tan grandes, un jugador sobre el que construir una franquicia ganadora.

24 / 100

CHOCOLATE BLANCO

Si tuviste la suerte de ver la NBA en los primeros años de Pau Gasol en Memphis y lees *Chocolate Blanco*, estás pensando en dos personas. Por un lado, Jason Williams, el apodado, y por otro, Andrés Montes, el *apodador*.

Elegido en el puesto número siete del draft de 1998 por los Sacramento Kings, Chocolate Blanco Williams pasó a la historia por jugar en la NBA como si lo hiciera en la pista de su casa. El talento del base de Kings, Grizzlies o Heat era algo jamás visto en la NBA. Era pura fantasía y, fruto de una mente absolutamente adelantada a su tiempo —o inconsciente al más puro estilo *playground* callejero—, la segunda retirada de Jason Williams en 2011 dejó un hueco difícil de cubrir en la NBA. Porque, más allá de ganar, Williams daba espectáculo.

Era una asistencia con el codo, un *fake pass*, uno por detrás de la espalda, pura magia. La consecuencia era evidente. El Williams de los Kings promediaba casi una pérdida por cada dos asistencias dadas, uno de los peores registros posibles para un *playmaker* puro como él.

Para el recuerdo eterno quedará su asistencia con el codo en el partido de *rookies* contra *sophomores* del All Star. Un pase que cogió desprevenido a un Lafrentz que no esperaba esa asistencia.

Las palabras no alcanzan a dibujar lo que era Jason Williams, pero sí las imágenes, así que buscando «Jason Williams – Showtime» tendrás más de nueve minutos de uno de los bases más fantásticos de la historia de la NBA.

Comenzó a practicar el baloncesto en el High School de DuPont, donde fue nombrado deportivo del año de Virginia Occidental en 1994. De allí salió siendo el único jugador en la historia con 1.000 puntos y

500 asistencias. Que su padre fuera el bedel le sirvió para poder pasar horas en el gimnasio, lejos de los problemas de la calle.

Eligió la Universidad de Providence, pero su acuerdo se rompió cuando su valedor, Rick Barnes, abandonó el proyecto. Acabó en manos de otro técnico de prestigio como era Billy Donovan, entrenador de Oklahoma City Thunder. Ambos continuaron unidos cuando Donovan recibió una oferta de los Gators de Florida. Promedió 17 puntos tras un *break* en plena temporada. Tampoco completó la siguiente temporada tras ser sancionado con 20 partidos por fumar marihuana. Se fue a la NBA.

En los Kings promedió 11,3 puntos y 6,3 asistencias por partido en las tres temporadas que jugó allí. Los fans le amaban, pero los compañeros y las altas esferas de los Kings creían que jamás ganarían un anillo con él y le enviaron a Memphis. Allí, con Pau Gasol, subió a 7 asistencias y bajó de casi 3 a 2,2 pérdidas, mejorando su ratio. Con Pau formó un gran dúo en un equipo donde también estaban James Posey o Lorenzen Wright. Juntos llegaron a los play-offs, donde cayeron siempre por 4-0.

Se fue a los Heat y allí ganaría su único anillo al lado de Dwyane Wade, Shaquille O'Neal y otro tipo peculiar como Antoine Walker. Lo dejó en 2008 y volvió a Florida con los Magic, donde tampoco recuperó su mejor nivel. Se retiró, definitivamente, como jugador de los Memphis Grizzlies y acuciado por los problemas de espalda.

25 / 100

MALDITOS

La historia de amor-odio de los Clippers con el draft viene de lejos. En 1973, Ernie DiGregorio, que solo disputaría cinco temporadas en la NBA; en 1985, Benjamin en vez de Mullin, Schrempf o Malone. Tres años después y con el 1, Danny Manning. Solo 26 partidos en su año *rookie* por una grave lesión. En 1999, Olowakandi con el 1 en vez de Pierce, Carter o Nowitzki. Y en 2001, Tyson Chandler antes que Pau Gasol.

En cuanto a traspasos, en 1977 cambiaron a Tiny Archibald por George Johnson. Semanas después, Archibald se rompía el tendón de Aquiles.

En 2004 y con el cuarto *pick*, eligieron a Shaun Livingston. No hubo nombres brillantes aquel verano y se puede decir sin miedo a equivocarse que el base fue una buena elección. Alto para su puesto, talentoso y… frágil. Se perdió una temporada entera tras una durísima lesión de rodilla que pudo haberle costado la pierna.

Los Clippers deambularon por los suburbios del Oeste hasta que les cayó otro número del draft. Eligieron a Blake Griffin, una gran elección. Se tiraría todo su primer año lesionado.

Un año después de debutar en la NBA Blake, recibía una gran noticia: Chris Paul llegaba a los Clippers.

En su primera temporada juntos, ganaron 40 de los 66 partidos de la temporada del *lockout* a las órdenes de Vinny del Negro pero les tocó una bestia, los Spurs. Les endosaron un 0-4 en el que todos los partidos los ganaron claramente los de El Álamo salvo el cuarto (102-99). Un año más tarde, Memphis. Ganaron los dos primeros… perdieron 2-4. Llegó Doc Rivers.

Con el ex de los Celtics estrenaron título de división —contra Lakers, Kings, Warriors y Suns— y mejoraron por un partido a Del Negro, 57-25. Quedaron terceros y los Warriors de Jackson les llevaron hasta el séptimo en una primera ronda histórica. Avanzaron a semifinales y le quitaron el factor cancha a los Thunder a la primera de cambio, pero se fueron de vacaciones con un 2-4 en contra.

¿2014? Los Spurs. La plaga de lesiones les metió sextos del Oeste al perder el último partido en New Orleans. Jugaron una de las mejores series de la historia de los play-offs ante San Antonio. Se fueron 1-1 de LA, perdieron de 27 el tercero y ganaron el cuarto fuera. El quinto fue para SAS y el sexto, en Texas, para los Clippers. Ganaron el séptimo en casa.

Los Rockets parecieron no ser rival para ellos en las semifinales. Llegaron sin ventaja de campo y ganaron el primero por 16 en Texas. Se llevaron tercero y cuarto en casa con ventajas superiores a los 20 puntos y en el sexto... ay, el sexto.

Houston hizo los deberes y forzó el sexto. A falta de siete minutos largos, los Clippers vencían por 88-100. Acabaron perdiendo por 119-107 ante unos Rockets que jugaban sin James Harden, segundo en el MVP aquella temporada.

En 2016 Blake Griffin protagonizó el incidente con el auxiliar del equipo que le lesionó gravemente la mano. En play-offs, y antes de saber si podrían ser rival para los Warriors del 73-9, Curry cayó lesionado.

Ganaron los dos primeros partidos a Portland por 20 y 21 y cayeron en el Moda por ocho. En el tercer choque, de nuevo, la fatalidad. Paul trató de robar un balón a Henderson y al apoyar la mano en la espalda del jugador se lesionó la muñeca: no volvería a jugar en más de un mes, adiós a la temporada.

Portland igualó la serie y después se la llevó por 2-4. Un año después, y en el último del trío Paul-Griffin-Jordan, los Clippers llegaron cuartos del Oeste al play-off... y perdieron la serie ante Utah. Desde la llegada de Rivers —hasta los play-offs de 2017—, LAC perdió todos los años una serie en la que, en algún momento, llevaba ventaja.

26 / 100

THREE PEAT

El 11 de julio de 1996 Los Angeles Lakers traspasaron a Vlade Divac, primer jugador desde Magic Johnson en liderar a los angelinos en dos apartados estadísticos —puntos y rebotes— a los Charlotte Hornets. A cambio recibieron a un jugador de solo 17 años, de Filadelfia y que respondía al nombre de Kobe Bryant. Una semana después, y aprovechando que la llegada de Bryant había aligerado los salarios del *roster*, los Lakers se llevaron al agente libre más interesante del momento: Shaquille O'Neal.

Ambos llegaron a un equipo donde ya estaban Derek Fisher, Robert Horry, Eddie Jones, Byron Scott o Nick Van Exel, un equipo que añadiría nombres sinónimo de talento como Rick Fox, un veterano AC Green o Tyronn Lue.

Con Jerry West de ejecutivo y Phil Jackson de entrenador, los Lakers ganaron 67 partidos en la temporada 1999-2000 gracias a los 29 puntos y casi 14 rebotes de Shaquille O'Neal o a los 22,5 puntos y casi 7 rebotes de Kobe. En aquel equipo, por cierto, entrenó durante la pretemporada un MVP de la Liga ACB como Andy Panko, aunque sería cortado antes de empezar la temporada.

Tras un inicio regular (8-4) los Lakers cogieron velocidad de crucero hasta ganar 23 de los siguientes 24 partidos o 27 de 34.

Como mejor equipo de la División Pacífico y de la Conferencia Oeste, los Lakers comenzaron el asalto al trono del Oeste en casa ante los Sacramento Kings de Chris Webber, Tony Delk, Jason Williams, Peja Stojakovic o un viejo conocido de la parroquia angelina como Vlade Divac. Los Lakers tuvieron inspiradas a sus dos estrellas pero los Kings lograron forzar un quinto y definitivo partido donde el 32 + 18 de Shaq dio el pase a los angelinos. Antes, un 46 + 17 del pívot para iniciar la serie y dos partidos de 32 y uno de 35 para la Mamba. Casi nada. ¿Siguiente? Los Suns de Kidd y Barkley. 4-1.

Phoenix, quinto del Oeste, estuvo a punto de dar la campanada en el Staples en el *game* 2 pero un heroico Bryant apagó la rebelión con un canastón a 2" del final: 96-97 y 0-2. Los Lakers ganaron de 6 puntos en el tercero, cayeron por 19 en el cuarto y sellaron el pase a las finales del Oeste en el quinto. Ganaron por 65-87 un partido en el que Shaq cogió más rebotes (21) que puntos anotó Kobe (17). Las finales del Oeste fueron lo más duro de la temporada para los angelinos. Perdieron el segundo en casa, ganaron tercero y cuarto fuera pero los Blazers llevaron la serie al séptimo, donde Kobe y Shaq firmaron 43 puntos y 20 rebotes. En las finales, y con el formato 2-3-2, los Lakers se adelantaron por 2-0 y ganaron el cuarto en Indiana, pero perdieron el tercero y el quinto. Ganaron el sexto con 41 puntos de Shaq.

Un año más tarde, y con un balance de temporada más modesto (56-26), los Lakers se plantaron en postemporada con las pilas cargadas. Barrieron a Portland (3-0), Sacramento (4-0) y Spurs (4-0) para llegar a las finales donde esperaba el MVP. Iverson no fue suficiente para los Sixers y, a pesar de la icónica imagen del 3 de Phila por encima de Lue, los Lakers se llevaron el segundo.

El tercero fue el más polémico. Se impusieron por 3-0 a Portland tras acabar terceros del Oeste, por 4-1 a los Spurs y se plantaron en las finales ante los Kings. En una serie en la que solo un partido se decidió por más de 10 puntos, los Lakers consiguieron el factor cancha a la primera de cambio, pero lo perdieron también en el primer duelo de LA. Ganaron el cuarto por un único punto y perdieron el quinto por la misma renta (91-92). Shaq firmó 41 puntos y 17 rebotes en el sexto para forzar el definitivo y, una vez ahí, 35 puntos del *center* dieron a los Lakers el pase a las finales. Allí barrieron a los New Jersey Nets de Kidd y Carter.

27 / 100

GREGG

Gregg Charles Popovich nació en East Chicago, en el estado de Indiana, en 1949 y es *head coach* de los San Antonio Spurs desde 1996. Más allá de entrenar a la mejor franquicia del siglo XXI, Popovich es un hombre capaz de unir a millones de estadounidenses sea cual sea su equipo. Frases como: «Somos infinitamente ricos y no necesitamos tanto, algo que otra gente sí. Así que eres tonto si no donas nada» han hecho de Pops algo más que un entrenador. Las redes sociales llevan desde antes de la elección de Trump pidiendo a Popovich que se presente a las elecciones de 2020 y, más allá del cachondeo, hay *merchandising* disponible para apoyar la causa.

Mucho antes de la NBA, el joven Gregg Popovich logró titulaciones en Estudios Soviéticos y Ciencias de la Educación y Educación Física. Comenzó a entrenar en Pomona-Pitzer, algo que el técnico aprovechó para hacer buenas migas con Larry Brown, entrenador de la Universidad de Kansas. De la mano del propio Brown, Popovich llegaría a los San Antonio Spurs para la temporada 1987-88 siendo su asistente. Tendría un breve periplo como ayudante de Don Nelson en los Golden State Warriors (1992-94) pero rápidamente regresó a los Spurs como vicepresidente de operaciones y *general manager*.

El mal inicio de la temporada 1996-97 costó el puesto a Bob Hill y Popovich decidió sentarse en el banquillo. Acabaron con 20 victorias y 62 derrotas, lo que les dio el primer *pick*. Tim Duncan llegó desde Wake Forest y la historia de Gregg Popovich dio un giro de 180°, del 20-62 al anillo en solo dos temporadas y con Duncan como protagonista.

Antes del inicio de la temporada 2017-18, Gregg Popovich llevaba veinte temporadas como primer técnico de la NBA y no es solo que 19 de las mismas tuvieran balance positivo, es que las 19 tenían más de un 61% de victorias. Ese mínimo fue un 50-32 en la temporada 2009-10. Cuatro años después, en la 2013-14, Popovich levantaba —que no celebraba— su tercer galardón de mejor técnico de la asociación.

Sin embargo, lo que más trascenderá del técnico de los Spurs serán sus frases. Directo, frío y cortante, Popovich ha dejado miles de frases para el recuerdo de los aficionados.

«Esto no va de una persona. Tienes que entender que tienes que dar el máximo y darte cuenta de que necesitas un grupo para lograrlo.»

«El baloncesto es un juego de errores.»

«Ha sido divertido volver a la sala de vídeo y enseñarles cómo esos hombres altos nos patearon el culo.»

«No hablamos de ganar partidos, divisiones o títulos. Nuestro objetivo es practicar cada día para ser mejores y respetar el juego.»

«Cómo afrontamos lo que no va como esperamos es lo que te demuestra nuestro nivel.»

La elección de Trump como presidente de los Estados Unidos en 2016 no estuvo exenta de comentarios por parte de Popovich.

«Este hombre que ocupa el Despacho Oval es un cobarde desalmado que piensa que únicamente puede sentirse importante menospreciando a los otros. Este tipo de comportamiento es algo intrínseco a él», dijo sobre un comentario de Trump después de que cuatro miembros de las fuerzas especiales de Estados Unidos fallecieran en Níger.

28 / 100

AÑO IMPAR, AÑO SPURS

Dice la leyenda que es difícil triunfar en la NBA en un mercado pequeño. También se puede entender que es más fácil hacer un equipazo en esos sitios a través del draft, pero, como bien han demostrado los Spurs de Popovich, a veces la línea más corta entre dos puntos no es la recta.

La historia de San Antonio tiene picos exagerados con y sin George Gervin, con o sin David Robinson, y con *El Almirante* lesionado durante casi toda la temporada 1996 empieza la historia. Los Spurs tuvieron el número 1 del draft de 1997 a Robinson y a Popovich. Y llegó un ala pívot de Wake Forest que cambió la NBA para siempre: Tim Duncan.

Tim *Siglo XXI* Duncan fue *rookie* del año con 21 puntos y 11 rebotes y desde el primer día demostró tener una química especial con Robinson. La pareja fue bautizada como *Las Torres Gemelas*. Pasaron de ganar 20 partidos en la 1996-97 a 56 en la siguiente, aunque cayeron en primera ronda del play-off contra Stockton y Malone. Aquella campaña (1997-98) fue la primera de un hito impresionante y es que los Spurs no han bajado del 61% de victorias en Regular Season desde entonces, con picos del 81 (67-15 en 2016) o 75 (37-13) la temporada del *lockout* de 1998.

Desde la 1989-90 solo tienen una temporada con balance negativo y fue la que inició la era dorada, la que les dio el primer *pick* del draft de Duncan.

En la 1998-99 —finales en año impar— comenzó el *rock & roll* en El Álamo. Los San Antonio Spurs ganaron 37 de 50 partidos de Regular Season, 11 de los 12 primeros de play-offs para llegar con un tremendo balance de 11-1 a las finales y se impusieron por 4-1 a los Knicks en las finales. ¿El MVP? El *sophomore*, el ala pívot, el de los tiros a tabla y cero sonrisas, Tim Duncan. Se convirtieron en el primer equipo proveniente de la ABA en ganar la NBA y establecieron en más de 39.000 espectadores el récord de asistencia a un partido.

Los éxitos de los Spurs tenían cara y cruz. La cara era que la franquicia pasó a ser uno de los destinos favoritos para cualquier jugador en la NBA, la mala fue que San Antonio no volvió a tener un *pick* del draft de lotería y tuvo que apostar por jugadores tapados. Y lo hicieron. Ganaron 53 partidos el año siguiente y 58 en los dos posteriores, los del Three Peat de los Lakers, mientras jugaban sus cartas en el draft. Desde la elección de Duncan, los Spurs no han tenido una elección dentro del *top* 10 y lo más alto fue el *pick* 15 logrado de los Indiana Pacers en 2011 a cambio de uno de los jugadores más queridos por Popovich, George Hill.

A pesar de no tener *picks* altos, los Spurs han elegido a Luis Scola, Leandro Barbosa, Beno Udrih, Tiago Splitter, el propio Hill, Goran Dragic, Nando De Colo o Cory Joseph, aunque la palma se la llevan Ginobili y Parker. En 1999, los Spurs tenían dos elecciones para el draft: la 29 —Leon Smith— y la 57. Con la última eligieron a un escolta argentino que venía de ganar la Euroliga con la Kinder de Bolonia: Emmanuel Ginobili. Casi mil partidos y 14.000 puntos después, el de Bahía Blanca es indiscutiblemente uno de los mejores jugadores de la historia de la franquicia.

Fue el caso más exagerado, pero dos años después la carta de los Spurs volvió a ser de categoría. Con el número 28 —su primera elección— se llevaron a Tony Parker.

El base galo, MVP de unas finales, forma parte del trío con más victorias de la historia de la NBA con *Manudona* y el propio Duncan, el que empezó una dinastía de 20 años.

El Three Peat de los Lakers se dio de frente contra los Spurs en la última temporada de Robinson. Ya con Ginobili, Parker y con Stephen Jackson, Bowen o Steve Kerr en el *roster*, San Antonio logró su segundo anillo en cuatro temporadas, también en año impar.

Repetiría suerte en 2005 y 2007 haciendo bueno el dicho de «año impar, año Spurs». Se rompió en 2014 cuando avasalló a los Heat de LeBron James para hacerse con el quinto anillo desde 1999. El MVP fue Kawhi Leonard, el *pick* 15 que sacaron a cambio de George Hill.

29 / 100

IVERSON

Pocas veces 183 centímetros fueron tan determinantes en la NBA. Es la historia de *The Answer*, un tipo diferente. Allen Ezail Iverson nació en Hampton, en el estado de Virginia, el 7 de junio de 1975 y fue el número 1 del draft de 1996, el de Kobe y Nash.

Fue Rookie of the Year gracias a sus 23,5 puntos por partido, el más joven en anotar 50 o más puntos en un partido al hacerle medio centenar a los Cavs en su primera temporada y también nombrado MVP del partido de Rookies vs. Sophomores del All Star Weekend.

Su primer año fue bueno en lo particular pero no en *Phila*. Acabó con 22 victorias y 60 derrotas.

La 1998-99 fue la temporada del primer *lockout* efectivo que dejó el calendario en solo cincuenta partidos. Esto favoreció a unos Sixers que bajo la batuta de Iverson ganaron 28 y se colaron como octavos del Este. Jugó 48 partidos con más de 41 minutos de media, promedió 26,8 puntos y estuvo en el mejor quinteto.

Fueron la sorpresa de los play-offs al cargarse a los Magic por un claro 3-1 con 28 puntos de su *franchise player*. Las semis de Conferencia no fueron su mejor serie: los Pacers les barrieron (4-0). La segunda aventura de Allen Iverson en los play-offs también tuvo a los Pacers en semifinales aunque, en esta ocasión, los Sixers se llevaron dos victorias. Antes, ganaron 14 de los últimos 19 partidos de la Regular Season y se plantaron en los play-offs como quintos del Este ante los Hornets.

La serie contra Indiana, sin embargo, no pudo empezar de peor manera (0-3). Phila se llevaría el cuarto y el quinto robando una esperanzadora victoria en Indianápolis con 37 puntos de Iverson, pero cayó ante Miller.

La 2000-01 fue el mejor año de AI en la NBA. Promedió 31,1 puntos, 3,8 asistencias y 3 rebotes de media en una franquicia que empezó la liga como un tiro con diez victorias consecutivas llegando con un 36-14 al All Star. Los Sixers completaron una Regular Season sobresaliente (56-26) y, en febrero, Iverson consiguió un compañero de altura con la llegada de Mutombo a cambio de Kukoc o Ratliff. Aquel año, AI anotó por encima de 20 puntos en 61 ocasiones, de los treinta en 35 noches y de los cuarenta en 17. Se llevó el MVP.

Se deshizo de Indiana, Toronto y Milwaukee y se plantó en las finales de la NBA.

Después de dos series a siete partidos, llegaron a las finales contra los Lakers de Shaq, Kobe, Fisher... o Tyron Lue. Phila ganó el primero, pero perdió por 4-1.

A pesar de la llegada de Webber, Iguodala o Korver, la franquicia comenzó una caída en picado que acabó con una eliminación en primera ronda contra Boston y con Iverson en el disparadero. Una década después de aterrizar en Filadelfia, el base fue traspasado a los Nuggets a cambio de Andre Miller, Joe Smith y dos primeras rondas del draft. Allí se encontró con un buen equipo donde estaban JR Smith, Carmelo Anthony, Nene y Marcus Camby que acabaron sextos del Oeste y cayeron en primera ronda ante los Spurs.

Un año después, Carmelo y AI se combinaron para 52 puntos por partidos, pero no fueron rival para los Lakers de Bryant y Gasol en primera ronda. Aquella sería la única temporada completa del base en Arizona, ya que en noviembre fue traspaso a los Pistons a cambio de Chauncey Billups.

El cambio de aires no le sentó bien y firmó su peor temporada en la NBA, la primera sin alcanzar los 20 puntos de promedio. Los Pistons no le renovaron y pasó de cobrar 20 millones de dólares de ellos a uno en Memphis. Solo jugó tres partidos con los Grizzlies antes de ser cortado y volver a Phila. Tuvo buenas noches con los nuevos Sixers y anotó en dobles dígitos en 21 de las 25 noches que disputó con ellos; sería su adiós a la NBA. No contaban con él e Iverson vio Europa como una vía de escape enrolándose en el Besiktas. Duró tres meses.

Tras vender a Fisher, los Lakers tantearon su fichaje poniendo como condición que se fogueara primero en la NBADL, algo a lo que un MVP de la NBA como Allen Iverson dijo no rotundamente.

30 / 100

ET, EL EXTRATERRESTRE

El baloncesto español en la NBA tuvo su primer encuentro cuando Fernando Martín se fue a «hacer las Américas», pero todo empezó, para los nuevos, en 2001. El 27 de junio de ese mismo año David Stern anunciaba que, con el número 3 del draft, los Atlanta Hawks escogían a Pau Gasol, del Fútbol Club Barcelona. Le llamaremos el año 0. Los *mocks* más optimistas le daban entre el 10 y el 15, pero Gasol fue el 3. Igual que Jordan.

De un mate contra los Pistons hasta sus quintas finales de Conferencia (2019) pasaron dieciocho largos años en los que Pau Gasol ha lucido los colores de Memphis Grizzlies, Los Angeles Lakers, Chicago Bulls, San Antonio Spurs y Milwaukee Bucks o, lo que es lo mismo, los de Magic Johnson y Michael Jordan por un lado y los de la mejor franquicia de las dos últimas décadas por el otro. La guinda, los colores con los que Oscar Robertson enamoró. En su primer año, fue nombrado mejor novato de la liga tras promediar 17,6 puntos y 8,9 en 82 partidos después de ser el mejor joven en noviembre, enero y marzo. Solo se quedó por debajo de los 10 puntos en diez ocasiones.

Llegó a Memphis con un ambiente tenso, ya que los Grizzlies apostaron por él en detrimento del mejor jugador de la franquicia como era Shareef Abdul Rahim. La jugada no pudo salirles mejor a los jóvenes Grizzlies (Vancouver, 1995), ya que bajo la batuta de Pau Gasol llegaron a los play-offs en tres ocasiones.

En el año 7, Gasol cambió de tercio. De tercio, de mundo… de todo. Abandonó Tennessee, los Grizzlies y el sur de los Estados Unidos para trasladarse a Hollywood. Sonó con fuerza para los Celtics en más de una ocasión, pero finalmente serían los Lakers los que le sacarían de unos Grizzlies donde era el mejor jugador de la historia.

Aterrizaba en la segunda franquicia más laureada mientras el viaje opuesto lo hicieron los derechos —que tenían los Lakers— de su hermano Marc. Su debut en la postemporada como angelino entró directo en los anales de la historia, ya que firmó 36 puntos y 18 rebotes. Una actuación memorable.

Llegó a las finales ese mismo año (2008) y también en los dos siguientes (2009 y 2010), sin lograr el objetivo a la primera pero sí a la segunda y a la tercera. Pau Gasol inundó los medios españoles con sus fotos besando el Larry O'Brien, el trofeo que otorga la liga al campeón de la NBA. Había alcanzado el cielo. Era una —feliz— mañana de junio.

Tras arrollar a los Orlando Magic en 2009 (4-1) y comerse a Dwight Howard para enterrar los comentarios sobre *Gasoft*, los Lakers de Pau revivieron la mejor final posible enfrentándose, en 2009, a los Celtics y ganando el anillo para sellar la *vendetta* de dos años antes en siete partidos.

Tres finales de la NBA se unieron a otros tantos All Star Game, pero la caída de los Lakers fue sonada. Los Dallas Mavericks barrieron al equipo de Phil Jackson en su camino al anillo de 2011 (4-0) y LA respondió como mejor sabía: con una película. Steve Nash y Dwight Howard firmaron por los Lakers y el equipo acaparó todos los titulares pero sudó sangre para acabar séptimo en el Oeste.

En el camino cayó Kobe Bryant y fueron arrollados en primera ronda. Los Lakers trabajaron en su traspaso, pero Gasol aguantó y cumplió contrato en Hollywood antes de irse a la casa de Michael Jordan. En Chicago, Pau respondió a todos aquellos que hablaron de que Europa era su mejor opción. Fue dos veces All Star y completó su mejor actuación individual haciéndole 46 puntos a los Bucks en octubre de 2015. Con ellos volvió a la postemporada en su primer año en Illinois.

Lo que de verdad será recordado de su etapa en Chicago será el salto inicial del All Star Game de Nueva York en 2015, el salto que protagonizó con su hermano Marc.

Esa época en Chicago acabó antes y peor de lo esperado, con los Bulls fuera de la postemporada de 2016 y Gasol, revalorizado a sus 36 años, firmando por los Spurs. Curiosamente, en 2016 firmó por los de El Álamo por el doble de lo que le ofrecían solo dos años antes. En 2017 renovó con San Antonio hasta los 40 años aunque en febrero de 2019 fue traspasado a Milwaukee y en verano firmó por el equipo donde empezó todo para el baloncesto español: Portland Trail Blazers.

31 / 100

ELVIS

El 27 de junio de 2001, Pau Gasol se encontraba en la Green Room del Madison Square Garden. Aquella noche era la culminación de un año de ensueño que había comenzado en el Barça de casualidad. El equipo culé había fichado como estrella a Rony Seikaly pero una lesión le dejó KO en plena temporada. Tiraron de la cantera y ahí salió un compañero de generación de Juan Carlos Navarro, un 2,16 rubio, pelo corto y desgarbado. Un tal Pau Gasol Sáez.

Ganó la Liga ACB coronándose como MVP de las finales de 2001 y ese mismo año, en Málaga, se llevó también el trofeo al mejor jugador de la Copa de Su Majestad el Rey. Ese verano se llevaría su primera medalla absoluta con la selección y, antes de viajar con España, David Stern y los Atlanta Hawks le cambiaron la vida.

Porque Pau Gasol pensaba que podría caer entre el puesto 10 y el 15, pero nunca se habló de hacerlo en el 3. En aquel draft solo hubo seis jugadores no estadounidenses seleccionados porque en 2001 se tendía a desconfiar de lo que venía de fuera. Dos de ellos —Pau Gasol y Mehmet Okur— serían seleccionados para el All Star.

La ceremonia comenzó a la una y media de la madrugada, hora española. David Stern anunció que los Wizards —con Jordan a la cabeza— elegían a Kwame Brown con el primer *pick*, el primer jugador de la historia en ser número 1 del draft viniendo directamente del instituto. Después, los Clippers eligieron a Tyson Chandler, que también venía directo de un instituto.

«Con el número 3 del draft de 2001, los Atlanta Hawks eligen a Pau Gasol, del FC Barcelona, España». *Boom*. Los rumores se habían hecho realidad. Memphis había traspasado a Shareef Abdur Rahim a los Hawks a cambio de ese *pick* e iban a elegir al 7 pies español, un hombre sobre el que reconstruir una franquicia que empezaba una nueva etapa. Los Grizzlies habían ganado solo 23 partidos el año anterior en Vancouver y comenzaban una nueva era en Memphis, la ciudad de Elvis.

«Si os gusta Dirk Nowitzki, vais a amar a Pau Gasol», dijo el jefe de *scouting* de los New York Knicks antes del draft, y es que en solo dos temporadas en la liga el alemán se estaba haciendo notar.

El encargado de defender la postura de Memphis en la televisión nacional americana fue Hubie Brown, que dijo que el español «puede jugar en tres posiciones con sus 7 pies y viene de ganar la primera competición en España —ACB— y ha demostrado su valía jugando baloncesto profesional». El propio Brown sería el primer gran entrenador de Gasol en Memphis. Cogió las riendas del equipo en 2002 y conseguiría el primer balance positivo (50-32) de Memphis en su historia, en la 2003-04. Gasol promediaba casi 18 puntos y 8 rebotes por partido en un equipo donde brillaban con luz propia nombres de la talla de James Posey, Jason Williams, Mike Miller o Lorenzen Wright, además de uno de los mejores amigos de Pau en la NBA, Shane Battier, de quien dijeron que era el mejor jugador de su draft, también el de 2001.

32 / 100

THE FEUD

Pocas parejas habrá más míticas en la NBA que la que conforma-ron Kobe Bryant y Shaquille O'Neal en los Lakers a finales de los 90 y principios del siglo XXI.

En el verano de 1996, Los Angeles Lakers estaban decididos a firmar a Shaquille O'Neal de los Orlando Magic y, antes de lanzarse a por él, lograron uno de los mayores robos de la historia del draft. Cuando Charlotte Hornets eligió a Kobe Bryant con el *pick* número 13, los Lakers no dudaron en enviar a Carolina del Norte a Vlade Divac. Firmaron a Bryant a finales de junio pero ese mismo mes hubo tiempo para hacer lo propio con Shaq.

Ya en 1996, los choques entre el joven Kobe Bryant y un Shaquille O'Neal que llegaba con la medalla de oro de Atlanta 96 eran habitua-les. Bryant solo respondía —a medios y compañeros— con dos o tres palabras y, donde unos veían concentración, otros arrogancia. Con el paso del tiempo, pasaría a llamarse *Mamba Mentality* y dejó mucho y muy bueno en el Staples Center del que colgarán para siempre sus dos dorsales y también el del *center* de Newark. Del lado de los mi-tos, a O'Neal le criticaban por la manera en la que trataba a la joven estrella yendo más allá de las clásicas novatadas. Ambos chocaron desde el principio, ya que el *center*, la teórica estrella de LA y de la NBA, tenía ese carácter tan suyo, tan alegre, tan bromista, mientras que el *rookie*, el que acababa de llegar del instituto, tenía el propio de los grandes ganadores... pero con 18 años.

Fueron barridos por los Jazz en semifinales de Conferencia (1-4) y también los de Salt Lake City fueron los que les eliminaron la si-guiente temporada (por 0-4) aunque en las finales de Conferencia. Utah caería ante Michael Jordan, claro.

La temporada del *lockout* la cosa empeoró y, tras tener tres entrenadores, los Lakers cayeron en semifinales de Conferencia de la mano de Kurt Rambis. Fue un doloroso 0-4 ante los Spurs, que levantaron el anillo de la mano de Tim Duncan, MVP de las finales.

Ya por aquel entonces comenzaban a circular rumores que hablaban de que Shaquille estaba celoso del 8, que ya vendía más camisetas que él, algo que desmintió Derek Fisher, drafteado el mismo año que Kobe: «Shaq lo que quiere es ganar».

Después de caer ante los Spurs, Shaq y Kobe se pusieron de acuerdo en el nombre del próximo entrenador: tenía que ser Phil Jackson. Lo lograron. *El Maestro Zen* apostó por O'Neal de llegada y juntos lograron el primer anillo y el primer MVP del gigante. Ni siquiera ese primer título calmó al 34, que dejaba claro que Kobe era un problema, que era egoísta o que perdía muchos balones. Alertó a las altas esferas angelinas de que con el 8 no se podría ganar un anillo y se hizo pero, una vez logrado, siguió yendo a por él. En el All Star del 2000, Shaq se mofó a Kobe en el calentamiento tirando el balón a las gradas para criticar las pérdidas de balón del 8. Meses antes, habían ganado un anillo juntos logrando la mayor remontada de la historia de un *game* 7 hasta la fecha. Lo culminó un *alley-oop* entre ellos. Kobe fue a darle la mano a Shaq... pero el 34 no le vio.

Tras ese primer anillo y como parte de la *Mamba Mentality*, Kobe llegó mejor que nunca al *training camp*, pero no pasó lo mismo con Shaq, que lo hizo pasado de peso.

Mientras el de Filadelfia estaba jugando mejor que nunca, el pívot promediaba menos de un 50% en TC —grave viendo su carta de tiro habitual— y un paupérrimo 20% en TL, que era demasiado hasta para él.

Tras tres anillos, los Lakers cayeron como si fuera una película del mismo Hollywood. Ficharon a Payton y Malone para formar un *roster* de época y perdieron en las finales de 2004 ante los Detroit Pistons por 1-4.

33 / 100

THE CHOSEN ONE

Akron, 1984 como año 0. El año que nació *El Elegido*, *The Chosen One*. La viva imagen del *point forward*, el primero de una estirpe de jugadores del siglo XXI, capaces de hacer de todo y de hacerlo bien. Si LeBron quisiera, promediaría 35 puntos por partido. Podría hacer lo mismo con las asistencias e ir a por 15 por juego o los rebotes con, digamos, 15, pero hacemos un poco de todo y combinando —y ganando, que de eso se trata— salen unos números escandalosos. ¿El mejor de la historia?

LeBron James nació en el seno de una familia humilde en Akron, Ohio. No conoció a su padre —todavía hay teorías sobre quién podría ser— y su madre, Gloria James, se hizo cargo del joven desde sus primeros pasos, pues ella tenía solo 16 en 1984. Su vida familiar le persiguió durante los primeros cursos en el colegio donde LeBron trataba de pasar desapercibido por vergüenza. Fue entonces cuando alguien puso un balón en sus manos y James encontró en el baloncesto y el fútbol americano lo que siempre había buscado: algo para ser uno más. Solo que no era uno más, era mucho mejor que todos ellos juntos.

Como muchos jugadores de la NBA, *Bron* destacó en el *football* y se decantó por el baloncesto, deporte que le ha dado todo desde el inicio. Logró jugar en un equipo de Akron con sus mejores amigos del barrio y con ellos jugaron la final nacional de un torneo de institutos disputados en Florida. Allí, donde LeBron ganaría sus dos primeros anillos, el joven 23 falló sobre la bocina para empatar ante un equipo de California que se proclamaría campeón nacional. A pesar de destacar en el baloncesto, LBJ le debe mucho al *football*.

Durante año y medio convivió con la familia de su entrenador tras acordar el *coach* y su madre que sería lo mejor para un joven que empezaba a descuidar los estudios. Durante aquella época conoció a Sian Cotton, Dru Joyce III y Willian McGee, los otros tres integrantes de los Fab 4 de Akron. Más tarde se uniría Romeo Travis, otra pieza fundamental en la vida del heredero. Sin embargo, el más importante fue Joyce III, el base. El padre del pequeño *guard* de Akron se convirtió en el entrenador de un equipo que hizo de todo —limpiar coches, vender puerta a puerta, etc.— para poder jugar: «Nos dijo que íbamos a jugar por todo el país», recordaba LeBron en su documental. «Eran como mi familia y uno lo da todo por la familia.»

Jugaban con corazón porque no sabían si el instituto les separaría. Finalmente no lo hizo y con los colores irlandeses de St. Vincent – St. Mary's se les unió Romeo Travis para pasar de Fab 4 a Fab 5. Fueron campeones estatales en su primera temporada con un balance de 27-0 y LeBron James quemó una etapa más hasta convertirse en un fenómeno global que puso su pequeño instituto en el puesto número 23 de todos los del país.

Tras los colores irlandeses y los Fab 4, llegó The Chosen One, el heredero de Jordan, el hombre que llevaría a los Cavaliers a su primer anillo, algo que sucedió en 2016.

Trató de presentarse al draft de 2002 pero la NBA denegó la petición del prodigio de Akron y le hizo esperar hasta su año, 2003. En esa última temporada fue sancionado con dos partidos por recibir un Hummer de parte de su madre a cambio de unas fotografías, lo que excedía el límite del dinero que se le podía regalar a un no profesional.

Cleveland o Memphis pujarían por la primera elección del draft de 2003 y, como si estuviera escrito, The Chosen One cayó en Ohio. Fue primer *pick* por delante de Darko Milicic, Carmelo Anthony, Chris Bosh o Wade y se llevó el ROY, además de todos los titulares habidos y por haber. El más joven en llegar a 5.000, 10.000, 20.000 y 30.000 puntos y el primer jugador en poner en jaque el primer puesto de Kareem en la lista de anotadores históricos de la NBA tenía, al inicio de la temporada 2017-18, tres anillos, había perdido cinco finales, jugado las últimas siete de forma consecutiva y se había convertido, en las de 2017, en el único jugador de la historia en promediar un triple-doble en la serie. Se quedó a un paso en 2016 y lo logró en 2017.

MVP en 2009, 2010, 2012 y 2013, mejor jugador de las finales en 2012, 2013 y 2016, máximo anotador de la historia del All Star Game, 11 veces en el mejor quinteto, cuatro en el mejor defensivo y dos en el segundo mejor cinco y, por si fuera poco, 59 veces jugador de la semana y 42 mejor jugador del mes en la Conferencia Este. Solo en su año *rookie* promedió por debajo de los 25 puntos.

34 / 100

TRUE WARRIOR

La carrera deportiva de Shaun Livingston tiene un antes y un después espaciado por varios años de «durante». El dos veces campeón de la NBA con los Golden State Warriors pasará a la historia de los *millennials* como ese *guard* que da buenos minutos de descanso a Stephen Curry, el que tira por encima de sus rivales con sus 2 metros de altura. Pero si escarbasen el pasado, verían que Livingston es un ejemplo para todos. Pudo perder la pierna por una lesión y después ganó dos anillos siendo un jugador importante en la rotación de, claro está, los Warriors. Porque para *warrior*, él.

La historia de Shaun Livingston comienza en Atlanta, donde el base se acercó a un balón de baloncesto. Fue una estrella en el instituto y le llamaron las mejores universidades de Estados Unidos para acabar decantándose por Duke. Antes, llegaron a sus oídos rumores de que había *scouts* de la NBA interesados en verle y, tras una sesión de tiro algo gris previa al draft, deslumbró a todos y tuvo que llamar a Coach K —una de las mayores eminencias en baloncesto universitario— para decirle que no podía dejar pasar el tren: se iba a la NBA.

Y en el draft se llevó el número 4. Le habían dicho que sería un *lottery pick* (uno de los primeros 16) y al final solo tuvo que escuchar tres nombres antes del suyo. ¿La razón? «En una hora anotó un par de tiros pero en los entrenamientos de manejo de balón dejó a todos alucinados. Tenía todas esas cosas que no se pueden enseñar», dijo Tim Grover, uno de los mayores gurús de la NBA en el tema de entrenar.

A pesar de que su cartel era el de ser uno de los grandes de su generación, sus dos primeros años en la NBA no estuvieron a la altura del *hype* generado, aunque podía ser lógico tras saltarse la universidad. En el tercer año, sin embargo, la debacle.

La carrera del *Shaun Livingston 1.0* acabó el 26 de febrero de 2007 cuando se destrozó la rodilla en el Staples Center. El vídeo está en Internet pero no es recomendable verlo. ¿El parte médico? Se rompió ligamento cruzado anterior, ligamento cruzado posterior, menisco, ligamento colateral tibial, rótula y articulación tibioperonea. Todo.

Él creía que con recolocarle la rodilla valdría, pero la médico fue clara: «Hay riesgo de amputación.» Puso en duda que pudiera caminar con normalidad alguna vez en su vida. Las pruebas médicas fueron bien, igual que la operación y el postoperatorio, y el base volvió a caminar, correr y saltar pero nunca volvería a ser el mismo jugador. En el «durante», Livingston pasó a ser un jugador temporero que sumaba contratos de 10 días hasta que Wizards primero, Nets después y finalmente Warriors apostaron por él. Jugó en Miami, Oklahoma, Washington, Milwaukee, Charlotte y Cleveland previo a que los Nets apostaran por él.

Tras demostrar en Brooklyn que estaba para jugar al máximo nivel, los Warriors le ofrecieron un contrato *multianual*, su primer contrato largo después del que firmó siendo un *rookie*. Con ellos llegó a las finales en las tres primeras temporadas, ganando dos anillos y siendo importante. Formó parte del núcleo duro de un equipo que ganó dos títulos, firmó tres temporadas de más de 65 victorias o completó el mejor inicio de la historia de la NBA con 24 victorias sin conocer la derrota. También, ese mismo año, jugó en el equipo de las 73 victorias.

Todo después de haber escuchado a un médico poner en jaque que pudiera volver a caminar. Lo dicho, *a true warrior*.

35 / 100

¿POR QUÉ ERES TAN BUENO, McGRADY?

El mote es eterno; su nombre, aún más. Tracy McGrady vistió 7 camisetas durante sus 14 temporadas en la NBA despidiéndose con un rol marginal en los Spurs, donde, casualidades de la vida, ganó su primera serie de play-offs. Un jugador capaz de promediar 32,1 puntos con solo 23 años en los Magic pero, sobre todo, el hombre que anotó 13 puntos en solo 35" de partido. ¿El rival de aquella hazaña? Precisamente los Spurs.

Fue la tarde-noche del 9 de diciembre de 2004 y McGrady, con 25 años, estaba en su primera temporada en los Houston Rockets. Los Spurs ganaban por 76 a 68 a falta de 35" cuando McGrady cogió el carril central y anotó un triplazo frontal. Once segundos después, y con los Spurs ya en 78, *T-Mac* se deshizo de Bruce Bowen para emparejarse con un Tim Duncan demasiado lento para la electricidad de Tracy.

Yao Ming le quitó al 12 de encima y, encarando al de las Islas Vírgenes, McGrady fintó el triple, Duncan se comió el amago y cayó encima del 3, que se levantó, tiró… y anotó. 78-74 y TL para los locales en el Toyota Center.

¿El tiro libre? *Pa' dentro*, claro. Veinticuatro segundos por jugarse, tres abajo Houston y posesión de banda para el equipo de Popovich, que salió bien de la presión y tuvo dos tiros libres que pusieron el 80 en su lado del electrónico. Último tiempo muerto de los Rockets y la defensa de Bowen —¿quién si no?— asfixiando a un McGrady que recibió la bola con Tony Parker encima, Bruce Bowen en la cobertura y la línea de mediocampo también acosando. Le da igual. Recibe, bota con la derecha y coge el carril central, el del inicio de la locura.

La defensa de Bowen es inmejorable, absolutamente pegado y sin saltar al tiro de T-Mac para no darle otro 3+1. El tiro, *nothing but the net*. 80-78 faltando 11,2" con, todavía, bola de los Spurs, que agotan sus tiempos muertos ante la presión de Houston. Mala decisión.

Bowen pone la bola en manos de Devin Brown, que se marcha hacia la línea de fondo, resbala y deja el balón a un rival. A McGrady.

Con menos de siete segundos por jugarse, el alero de Florida coge la bola y se marcha hacia la canasta de los San Antonio Spurs. No hay tiempo para una entrada y tampoco hay necesidad de empatar el partido pudiendo ganarlo.

McGrady llega al triple en posición de 45°, se levanta, lanza y... triple a falta de un segundo.

Es la más conocida de las heroicidades de Tracy McGrady, Hall of Fame desde 2017, siete veces All Star, dos años en el mejor quinteto de la liga y otras dos veces máximo anotador de la NBA.

«Sí, merezco estar aquí. Tenía un montón de motivos para pensar que no merecía estarlo, empecé a compararme con todos esos jugadores que consiguieron grandes cosas. Pero estoy agradecido a todos los que creyeron y apostaron por mí cuando quizás ni yo lo hacía», dijo un emocionado McGrady cuando fue introducido como miembro del Hall of Fame.

36 / 100

CAPTAIN CANADA

«I subscribe to the idea that an athlete dies twice.» Son palabras de un canadiense que nació en Johannesburgo y que hizo carrera en el baloncesto estadounidense. El 21 de marzo de 2015, Steve Nash publicó en *The Players' Tribune* un texto que no queríamos leer. Bajo el título de «Life after basketball», el base de la Universidad de Santa Clara explicaba que su carrera había llegado al final del camino.

«Creó una nueva manera de jugar. Me inspiró a jugar como yo me sintiera cómodo», dijo de él Stephen Curry.

A pesar de que su padre fue futbolista y su hermano también, Stephen John Nash se dedicó al baloncesto. La familia dejó Sudáfrica buscando que los jóvenes no crecieran en un ambiente marcado por el *apartheid* y acabaron en Canadá. Allí comenzaría la historia de su idilio con la canasta.

Consiguió buenos números en St. Michaels y bombardeó con vídeos suyos a muchas universidades buscando un hueco. A pesar de sus habilidades, solo la Universidad de Santa Clara (California) quiso darle una beca para jugar en sus filas. Comenzó con 8 puntos y 2,2 asistencias por partido pero fue creciendo hasta abandonar la Universidad con 17 tantos y 6 asistencias de media. Su camiseta sería retirada.

Se inscribió en uno de los mejores drafts de la historia de la NBA. En 1996 fueron elegidos Iverson, Marbury, Allen, Stojakovic y Kobe y todos ellos lo fueron antes que él. Tuvo que esperar a los Phoenix Suns, que, con el número 15, eligieron al mejor base de su historia.

Mucha gente en Phoenix prefería elegir a John Wallace (Syracuse), pero Donnie Nelson, asistente, y que conocía a Nash de su etapa en St. Michaels, les convenció.

«¿Confías en este chico?», le preguntó Jerry Colangelo en las fechas previas al draft. «Si no triunfa te puedes quedar mi puesto.» Los Suns contaban con Kevin Johnson y Jason Kidd y probaron con los tres a la vez, pero no salió bien. Acabarían enviando a Nash a los Dallas Mavericks, donde formaría el primer *big three* de su carrera con Michael Finley y su «hermano» Dirk Nowitzki.

Una vez más, Nash debía su carrera en la liga a Donnie Nelson, asistente en Dallas y que convenció a su padre, Don, de que contratara al canadiense.

En Texas demostró que podría tirar pero no llegó a explotar. Al menos le salvaban los tiros libres:

«Soy *point guard*, quiero asistir», se excusaba.

«¡Eres un puto dominador, domina el juego!», le dijo Don Nelson.

Sus números fueron creciendo según lo hacía su importancia en el equipo y viceversa. Nash comenzó a ser titular en el 2000 y ese mismo año promedió 15 puntos y 7 asistencias. A pesar de mejorar, tenía el mismo muro infranqueable: las semifinales de Conferencia, donde cayó dos veces con los Dallas Mavericks en sus mejores años en Texas.

Ni ser All Star, ni ser el base titular de su equipo, ni siquiera su comunión en la pista —y fuera de ella— con Dirk Nowitzki valió a Nash para conseguir el contrato que quería.

Mark Cuban quería apostar por el alemán y el contrato de Nash era de cuatro años y 36 millones de dólares. Aparecieron en escena los Phoenix Suns, que le pusieron casi el doble sobre la mesa.

Con 30 años, Nash firmó seis por los del Valle del Sol, donde sería la estrella durante más de esas seis temporadas. Creó tendencia, una manera de jugar y se llevó dos trofeos de MVP.

37 / 100

DANNY GRANGER

Poco antes de comenzar la temporada 2015-16, Danny Granger fue uno de los últimos descartes de los Detroit Pistons. Sin saberlo, ese tuit anunciando que se marchaba de la Motown era lo último que íbamos a saber de él.

Granger cumplió 34 años después de dos retirado y alguno más alejado de las pistas. No mucho antes, estaba considerado como uno de los mejores jugadores de la NBA y, sin duda, como una de las muñecas más calientes.

La historia de Granger en la liga empieza en Indiana, pero la personal lo hace en el sur de los Estados Unidos, en Luisiana, donde creció en el seno de una familia con un padre ultraprotector: «Hay barrios malos, el mío era peor» dijo al *New York Times*. Allí empezó a jugar.

Lo hizo descalzo y de noche. El 33 de los Pacers era un niño y su padre, que había comprado el terreno de al lado de su casa para construir una pista de baloncesto, se dirigió a él para preguntarle si quería salir a echar unos tiros. «Eran las 11:30 PM y al día siguiente tenía clase», se reía. «Ni siquiera tenía zapatillas.»

El mix explosivo de «su» Metairie lo conformaban drogas y prostitución y la banda sonora de muchas noches eran los disparos. Así creció un All Star. Por eso su padre le hizo una pista, porque no había una segura donde jugar. Conocía a los camellos del barrio y los amenazó con enterarse si ofrecían algo a sus hijos. Danny creció con miedo a salirse del camino indicado, algo que hizo una única vez.

«Estaba dos calles más allá de mi casa, en un lugar en el que no tenía que estar.»

Se refiere a cuando tenía 12 años y recibió un disparo que a día de hoy sigue visible en una de sus rodillas.

A pesar de hacerlo bien en el instituto, las becas que recibió eran por sus buenas notas, no por el programa deportivo. Así le llegó la de Yale. Eligió Bradley primero y Nuevo México después: «Soy un hombre de números y cuando vi las ofertas pensé que el sueño de la NBA no iba a suceder», reconoció en 2013.

En el draft de 2005, fue elegido por los Pacers en el puesto número 17. Larry Bird le llevó a Indianápolis para un entrenamiento previo y al término del mismo le pidió perdón por hacerle ir. Creía imposible que alguien tan bueno cayera tan abajo. Pero lo hizo.

No le costó mucho demostrar sus habilidades en los Indiana Pacers de Jim O'Brien. El equipo post Malice at the Palace navegó por los bajos fondos de la NBA y no fue hasta 2011 cuando, a pesar de sumar «solo» 37 victorias, Indianápolis volvió a saborear unos play-offs.

Fue el año de dos *rookies* que marcarían el futuro de la franquicia como Paul George y Lance Stephenson, el segundo de Hibbert en el equipo y el primero de Frank Vogel.

Para entonces, él ya había sido All Star, pero el técnico cambió el estilo e instauró el suyo propio. Granger no volvería a anotar 25 puntos por partido, pero formaría parte de una franquicia con un plan a medio plazo.

En solo tres años había pasado de ser el *pick* número 17 a ser *go-to-guy* de los Indiana Pacers.

En 2009 se llevó el Most Improved Player, galardón al jugador más mejorado de la temporada en la NBA. Indiana cambió el guion y comenzó a jugar más pausado, más lento. Lo peor para él fue que comenzó a sufrir lesiones de rodilla, las mismas que le hicieron caer en el draft, aunque, viéndolo desde fuera, podría decirse que el problema no fue estar alejado de las pistas, fue que Paul George se adueñó de su sitio con solo 22 años.

Un año después jugó en los Clippers tras pasar por Filadelfia. Fichó por Miami, le enviaron a Phoenix y se retiró en Detroit. Todo en año y medio. Salió de Indiana —mejor equipo de la NBA en el momento del traspaso— por la puerta de atrás a cambio de Evan Turner y Lavoy Allen. Nunca volvió a ser el mismo.

«Si no me hubiera operado, si hubiera jugado con dolor, si el cartílago no añadiera una punzada de dolor a cada movimiento...», decía en 2013.

38 / 100

KATRINA

El huracán Katrina pasó a la historia como uno de los mayores desastres naturales que los Estados Unidos han sufrido jamás. Más de 1.800 personas perdieron la vida como consecuencia de un huracán de categoría 5 que asoló Nueva Orleans y gran parte del sur del país. El 29 de agosto de 2005 tocó Luisiana transformado en huracán de grado 3 tras perder fuerza en el golfo de México. Y la NBA también se vio afectada.

Primero porque David Stern se comprometió a que los Hornets/Pelicans siguieran en el estado a pesar de la debacle y después porque el Katrina, sí, el Katrina, fue el origen de los Oklahoma City Thunder.

El huracán que asoló Luisiana y el pabellón de los Hornets —en 2005 todavía en ese estado— también tuvo su parte de responsabilidad. Los daños del New Orleans Arena fueron superficiales pero los aledaños quedaron destrozados. El Superdome de los Saints —NFL— ejerció de improvisado refugio de 26.000 personas que no pudieron huir de la ciudad una vez su alcalde ordenó la evacuación obligatoria.

Con NOLA fuera de la NBA —los Hornets habían empezado la pretemporada en Colorado—, David Stern tuvo que buscar nueva casa para ellos y encontró a Mick Cornett —alcalde de Oklahoma City—, encantado. Esbozó una sonrisa y asintió: acogerían a los Hornets en Oklahoma, un estado que venía pidiendo a la NBA una oportunidad desde hacía años.

El 31 de enero de 2006, la NBA anunció que los Hornets jugarían toda la temporada en Oklahoma City y que, para ayudar a la completa reconstrucción de la ciudad, también estarían fuera en la temporada 2006-07.

Los Hornets jugarían en Oklahoma a pesar de que intentaron hacerlo, al menos, en el estado de Luisiana. Al término de la primera temporada en el exilio, se convirtieron en el primer equipo en 30 años en jugar en cuatro pabellones como local en el mismo curso: el Ford Center y el Lloyd Noble Center en Oklahoma y el Pete Maravich Assembly Center y su New Orleans Arena en Luisiana.

Cuando la NBA confirmó el traslado, también hizo oficial que el All Star de 2008 tendría lugar en New Orleans, donde, evidentemente, los jugadores se pusieron manos a la obra con NBA Cares en obras sociales para ayudar a reconstruir la ciudad. 2014 y 2017 verían sendas ediciones del All Star Game, donde los Pelicans ya tenían un actor principal en la figura de Anthony Davis.

Oklahoma era, antes del Katrina, uno de los pocos estados de Estados Unidos con un pabellón casi NBA —el Ford Center— pero sin equipo en la liga y Cornett y Stern dieron un paso adelante en 2005. Durante dos temporadas, los Hornets dejaron Nueva Orleans y se marcharon a Oklahoma City con la promesa del comisionado Stern de que la NBA volvería a Luisiana, como finalmente hizo.

Poco después de confirmar a los Hornets como invitados en el Ford Center de Oklahoma, la maquinaria del estado estaba en marcha y 10.000 personas habían sacado sus abonos para alentar a los Hornets de Chris Paul.

Al término de la primera temporada de los Hornets fuera de casa, Stern confirmó que Oklahoma sería el próximo estado en tener NBA si había algún cambio significativo en el mapa. Solo tres años después los Supersonics dejaron la liga, aunque consiguieron mantener sus colores para un hipotético regreso.

El 29 de octubre de 2008, Oklahoma City Thunder debutaba en la NBA con Russell Westbrook y Kevin Durant en sus filas.

39 / 100

MR CATERING

Alicante, Fuenlabrada, Vitoria, Toronto, Detroit, Dallas, Nueva York, Los Ángeles y Ohio. Todo empezó en Villanueva de la Serena (Badajoz), en 1981. José Manuel Calderón, *Calde* o *Mr Catering* para quienes han tenido el placer de verle jugar durante años, es uno de los mejores bases de la historia de España y, también, el base titular de la mejor generación del baloncesto patrio. Un año menor que Pau Gasol, Felipe Reyes o Juan Carlos Navarro, Calderón está considerado como casi miembro de los Júnior de Oro.

Con solo 13 años, Baskonia se fijó en el base del Doncel CP La Serena y se lo llevó hasta Vitoria, donde cocinó a fuego lento el proyecto del mejor base español de su generación. Primero fue cedido a Alicante, a la Liga LEB, donde logró el ascenso con el mítico Lucentum. Debutaría en ACB con solo 18 primaveras y un año más tarde cambió Alicante por Fuenlabrada como paso previo a integrar parte del *roster* del TAU Cerámica, del mejor equipo que Baskonia ha visto jamás. Allí estaban, además de Calderón, Pablo Prigioni, Fabricio Oberto, Luis Scola, Tiago Splitter, Arvydas Macijauskas o Elmer Bennett. En 2002 jugó su primera gran cita con la selección española, el Mundial de Indianápolis.

Tras seis temporadas en Europa y con una Copa del Rey, el subcampeonato de Euroliga y de ACB bajo el brazo, José Manuel Calderón firmó por los Toronto Raptors en agosto de 2005 después de no haber sido elegido en el draft de 2003, el de LeBron James.

A pesar de llegar de Europa habiendo demostrado su valía principalmente en el tiro, el *rookie* Calderón tuvo un 16% desde la larga distancia, lo que hizo que el extremeño tuviera un verano tremendamente movido.

Ver a rivales flotarle descaradamente hizo que el base entrenara el tiro lejano y el año siguiente, con un volumen de tiro mayor, duplicó su acierto, que fue creciendo hasta un 46% en la temporada 2012-13, su último año en Toronto.

En su tercera temporada (2007-08), Calderón se convirtió en el primer español de la historia en acabar promediando un 40-50-90, es decir, anotar el 40% de los tiros de tres, el 50% de campo y el 90% desde la línea de libres. Posteriormente, se quedaría a unas décimas de repetirlo en la 2012-13.

Desde 2007 hasta la salida de Toronto (2013), Calderón promedió más de 10 puntos y casi 10 asistencias con los canadienses, franquicia de la que salió siendo uno de los mejores jugadores de su historia en partidos jugados, puntos anotados y, claramente, asistencias.

Tras 525 partidos con los colores de los Toronto Raptors, Calderón dejó Canadá con 5.235 puntos anotados y 3.770 asistencias repartidas. Llegó a los Detroit Pistons vía Memphis Grizzlies, donde jugó 28 partidos con 11 puntos y 6 asistencias antes de encarar la agencia libre y enrolarse en los Dallas Mavericks. Hasta 2013, Calderón era un hombre de una única franquicia y, tras cruzar la frontera, jugaría en Pistons, Mavericks, Knicks, Lakers, Hawks y Cavaliers en menos de cinco años. Cinco años en los que estuvo, además, en Memphis Grizzlies, en Chicago Bulls y, unos minutos, en los Golden State Warriors que ganaron el anillo.

Con la selección, equipo que dejó tras el bronce de Río 2016, Mr Catering tocó el cielo muy lejos de Río, en Japón, donde el combinado entrenado por Pepu Hernández se impuso a Grecia en la final del Mundial de 2006. Además de esas dos medallas, Calde fue campeón de Europa en 2011, subcampeón olímpico en 2008 y 2012 y de Europa en 2003 y 2007.

40 / 100

SEVEN SECONDS OR LESS

Los Phoenix Suns acabaron la temporada 2003-04 con 29 victorias, que invitaban entre poco y nada al optimismo. Durante aquel verano cerraron el regreso al desierto de Steve Nash, dándole al canadiense el dinero que quería y que los Mavericks consideraban que no merecía. El base, un jugador que llegaba con 14,6 puntos y 7,2 asistencias en sus seis temporadas en Dallas, no tenía pinta de ser el *franchise player*. Pero lo fue.

Los guarismos de Nash se fueron hasta los 15,5 puntos, 11,5 asistencias y 1 robo por partido, lo que le hizo llevarse el MVP de la Regular Season, el primero de los dos que lograría el de Santa Clara.

Mike D'Antoni había cogido las riendas de los Suns tras un mal inicio de Frank Johnson, pero acabó la temporada con solo 21 victorias en 61 partidos. Nash lo cambiaría todo.

El técnico, que había entrenado prácticamente toda su carrera en Italia, revolucionó la NBA hacia un estilo más rápido, más salvaje, más ofensivo. El lema de *seven seconds or less*, «siete segundos o menos», le define a la perfección por lo eléctricos que eran sus Phoenix Suns.

En 2004, además de Nash, estaban en el equipo Shawn Marion, Amar'e Stoudemire, Joe Johnson o Quentin Richardson. Bajo la batuta del Captain Canada, los Suns pasaron de anotar 96 puntos por partido (11.º en la 2003-04) a promediar algo más de 110 y ser los mejores de la NBA en este apartado. Jugaron únicamente 50 minutos más a lo largo de la temporada y anotaron 1.300 puntos más. También recibieron, lógicamente, más puntos, pero pasaron de un −300 a un +600 en la diferencia de anotados y recibidos.

Tiraron —y anotaron— 400 veces más que en el año preceden-te casi duplicando el número de intentos desde la larga distancia, además de cerrar su zona a segundas oportunidades. Pasaron de la 26.ª posición en lo que a rebotes se refería a ser los mejores con un imperial Shawn Marion —11,3 por noche— y Amar'e Stoudemire en casi 9.

Fueron el mejor equipo de la NBA en número de victorias (62) y en *ratings* ofensivos (de 101 a 114) y en posesiones cada 48 minutos, pasando de 92,6 a 95,9. El número de triples con respecto al volumen general de tiros también les ponía en cabeza de la NBA, pero en lo que no ganaban era en asistencia al pabellón: tuvieron un aumento de 56.000 espectadores pero se quedaron en la 11.ª posición de la tem-porada a pesar del *run & gun* y de que cuatro jugadores anotaron —de media— 15 puntos o más. Quentin Richardson se quedó en 14,9.

Barrieron a los Grizzlies de Pau Gasol (4-0), vencieron a los Ma-vericks por 4-2 y cayeron en unas recordadas finales del Oeste ante los Spurs por 1-4.

El equipo dejaría unos datos todavía más espectaculares bajo la batuta de Alvin Gentry en la última temporada de Amar'e Stoude-mire. Era la 2009-10 y los Suns cayeron en las finales del Oeste ante los Lakers. En aquella ocasión —ya sin Matrix ni JJ— fueron quintos del Oeste y cuartos en posesiones por partido en una NBA que había abrazado el estilo de D'Antoni. Siguieron siendo los mejores en *rating* ofensivo, con 115,3, superando la temporada de las 62 victorias.

Eliminaron a Portland por 4-2, barrieron a los Spurs clamando venganza (4-0) y se quedaron en las finales del Oeste al hincar la ro-dilla ante LA, 2-4. En aquel equipo estaban Goran Dragic, Jared Dud-ley, Channing Frye, Robin Lopez, Jason Richardson, Stat y Nash.

Los Suns fueron acusados de blandos, los *haters* les echaban en cara que nunca podría ganarse un anillo de aquella manera y que jamás llegaron a las finales siendo las del Oeste su techo en tres ocasiones. La realidad no les sonrió, la historia les recordará siempre con espe-cial cariño.

41 / 100

RAÜL

Cuando uno analiza la trayectoria de los españoles en la NBA se centra en Pau Gasol —único ganador del título— y pronto puede hablar de Rudy Fernández, Marc Gasol, José Manuel Calderón o hasta de Juan Carlos Navarro. Pero se olvida del tercero.

En el mismo draft que Pau Gasol —y también en primera ronda—, los Utah Jazz seleccionaron a Raül López, el eterno mago de Vic, el base más talentoso —para muchos— de la historia del baloncesto español.

Con Pau Gasol, Juan Carlos Navarro y Felipe Reyes, Raül formó parte de los llamados Júnior de Oro que ganaron el Mundial sub-19 en Lisboa en 1999. Él ya jugaba en ACB, en el Joventut de Badalona de donde salió, rumbo Real Madrid, convertido en el segundo fichaje más caro de la historia de la ACB. El conjunto blanco pagó 300 millones de pesetas de la época (1,8 millones de euros) por el mago de Vic y le disfrutó dos temporadas.

Debutó en la liga española el 30 de abril de 1998 en una victoria 103-89 del Joventut ante el Caja San Fernando. 18' en los que anotó 10 puntos, repartió cuatro asistencias y capturó dos rebotes.

Promedió cuatro puntos, dos asistencias y una pérdida en 15 minutos de juego siendo el *rookie* de la Penya. En su segundo año jugó 34 partidos con una primera gran actuación ante Valencia con 15 puntos y 5 asistencias. Le hizo 25 puntos al Girona y promedió 10 puntos y 3 asistencias en el año post-júnior de oro.

Con el cambio de siglo llegó al Real Madrid, donde jugó 37 partidos con ocho puntos de promedio. Estableció en 28 su récord en el último duelo de la serie de play-off ante el Fuenlabrada. La segunda temporada, llamada a ser importante antes del Mundial de Indianá-polis, estuvo marcada por su primera grave lesión de rodilla, que le dejó en solo 14 partidos, con ocho puntos y tres asistencias de media. A pesar de regresar a tiempo para ir al Mundial, volvió a caer en un duelo con la selección, quedándose toda la temporada 2002-03 —ya en los Jazz— en el dique seco.

Fue la última campaña de John Stockton y Karl Malone en Salt Lake City y Raül López se la pasó, de manera íntegra, recuperándose de la lesión. Para su debut con los Jazz hubo que esperar hasta el 29 de octubre de 2003. En Salt Lake City, y ante los Portland Trail Blazers, Raül jugó sus seis primeros minutos en la NBA repartiendo tres asistencias y robando un balón. Completó un doble-doble en diciembre ante los Sixers (13 puntos y 10 asistencias) y su récord anotador se quedó cerca del de la ACB, en 25 ante los Suns. A pesar de venir de dos lesiones graves de rodilla, el base de Vic promedió 7 puntos, 3,7 asistencias y casi dos rebotes en 19' de juego, algo muy destacable. Sin embargo, su carrera en la NBA acabó en febrero de 2005, cuando jugó su último partido ante los Lakers.

Su rodilla volvió a jugarle una mala pasada y los Jazz dijeron basta.

El 2 de agosto de 2005 fue traspasado a los Grizzlies de Pau Gasol en un traspaso que movió los derechos de Roberto Dueñas de los Hornets a los Wizards y que dejó a Pau sin Jason Williams ni James Posey. Fue cortado dos semanas después.

Tras la NBA, aceptó liderar el ambicioso proyecto del Girona, un equipo donde brilló, algo que le permitió volver al Real Madrid. De regreso a la capital, ganó la Copa ULEB y la Liga ACB, siendo clave en el esquema blanco, y regresó a la selección, con la que consiguió la medalla de plata en los Juegos Olímpicos de Pekín 2008, y llegó a jugar la final ante Estados Unidos.

Después del Real, el Khimkhi ruso y un epílogo notable en Bilbao. Siempre pensaremos lo mismo: *what if…*

42 / 100

VERDE, ORO Y BLANCO

Eran, son y serán los colores de los Seattle Supersonics, el equipo que vio a Shawn Kemp, Ray Allen o Kevin Durant y el que quiere volver a la NBA. En la lista de futuros emplazamientos de la liga siempre aparece señalado y subrayado en varios colores el nombre de Seattle.

Fundados en 1967 bajo el nombre de Seattle Supersonics, cuentan con seis títulos de División, tres de Conferencia y uno de la NBA en 1979, o, lo que es lo mismo, es una de las 19 franquicias que ha levantado el Larry O'Brien en algún momento de la historia. Durante 41 años, Seattle formó parte del mapa de la mejor liga de baloncesto del mundo y, curiosamente, cuando —en teoría— mejor le iba a ir en lo deportivo, llegó el traslado a Oklahoma City. Es imposible saber qué habría pasado con ellos, pero sus últimas elecciones en el draft fueron Kevin Durant, Russell Westbrook y Serge Ibaka.

Antes, mucho antes, en 1966, a dos hombres de Los Ángeles que respondían al nombre de Sam Schulman y Eugene V. Klein se les «concedió» una franquicia de la NBA que se establecería en Seattle y se llamarían Supersonics en honor al primer avión americano de Boeing, que iba a llevar el mismo nombre. Finalmente, el avión no vio la luz, pero los Sonics mantuvieron el nombre.

Walt Hazzard fue el primer jugador importante de los verdes, pero su salida trajo consigo la llegada del primer nombre histórico a Seattle: Lenny Wilkens.

Su época coincidió en el tiempo con la creación de la ABA, probablemente el mayor problema al que haya hecho frente la NBA desde su creación. El propietario de los Sonics, Sam Schulman, fue uno

de los principales valedores de la fusión. De la nueva liga, los Sonics se llevaron a Spencer Haywood, que formó una dupla letal con
Wilkens. Coincidieron por primera vez en la temporada 1971-72, la
primera con balance positivo para el equipo y, casi, la primera aparición en play-offs. Un año más tarde, Lenny dejaría Seattle dirección
Cleveland en uno de los traspasos más dolorosos de la historia del
equipo. Pasaron a un balance de 26-56.

Llegó el mito y, con él, la postemporada. Bill Russell se sentó en
el banquillo de los Sonics en la temporada 1973-74 y en solo cuatro
años tuvo dos viajes hasta las semifinales del Oeste.

Después llegó Bob Hopkins, que duró 22 partidos. Con 17 derrotas en ese tiempo, dejó su sitio a Lenny Wilkens, que llevó al equipo
a la postemporada primero y a las finales de la NBA después. En el
mismo año. No sería a la primera pero sí a la segunda cuando los Sonics de Gus Williams, Dennis Johnson, Jack Sikma o Fred Brown se
llevaron el título de la NBA tras completar la *vendetta* ante los Bullets.
Se llevaron el anillo en cinco partidos.

A finales de los 80 vivieron otra época dorada cuando George
Karl entrenaba, Gary Payton dirigía y Shawn Kemp machacaba.
Convirtieron a los Sonics en uno de los mejores equipos de la época,
jugaron dos finales en cuatro años y dieron paso a la década final de
los Supersonics.

Desde 2001, el CEO de Starbucks fue propietario de las franquicias de baloncesto de Seattle —Sonics y Storm (WNBA)— y el final
no tardaría en llegar.

En 2006 vendió ambos equipos a un grupo inversor de Oklahoma
City. Solo dos años más tarde, los Thunder de Oklahoma City debu-
taban en la NBA y en junio de 2012 jugaban las finales ante los Heat
con un equipo creado a través del draft. El resto, historia.

43 / 100

DIABETES

A menudo, en la lista de mayores blufs del draft en el siglo XXI se incluye con poco tacto a Adam Morrison. El ala pívot de la Universidad Gonzaga fue elegido por los Charlotte Bobcats con el *pick* número 3 del draft de 2006, por delante de Brandon Roy, Rudy Gay o JJ Redick y solo por detrás de Andrea Bargnani (#1, Toronto) y LaMarcus Aldridge (#2, Chicago).

Morrison nació en Montana en 1984 y trece años después, en 1997, le diagnosticaron diabetes tipo 1, una enfermedad autoinmune en la que tu propio cuerpo destruye las células encargadas de sintetizar insulina, una hormona vital y necesaria para metabolizar los azúcares y transformarlos en energía. Si no hay insulina, el azúcar se acumula en sangre produciendo una grave descompensación metabólica llamada *cetoacidosis*.

La enfermedad es un importante problema a la hora de la práctica deportiva a cualquier nivel, pero más aún, claro está, para hacerlo al más alto nivel. A eso hubo que sumarle que el joven Morrison viajaba por Estados Unidos según iba cambiando de destino su padre, entrenador de baloncesto.

Se acabaron asentando en Spokane, donde estaba la Universidad Gonzaga, la que daría a Adam Morrison reconocimiento a nivel nacional. Será difícil borrar de la memoria la imagen de Morrison —jugando con camiseta interior— llorando desconsoladamente tras caer ante UCLA en el *sweet sixteen* del March Madness de 2006. A falta de 40", ganaban de 3 y tenían posesión pero acabaron perdiendo ante los Bruins de Farmar, Mbah a Moute, Ryan Hollins, Afflalo o Darren Collison. De poco sirvieron los 24 puntos de Morrison. Después, la NBA.

Su año *rookie* fue bien. Los Bobcats acabaron con 33 victorias y 49 derrotas y Morrison con 12 puntos, 3 rebotes y 2 asistencias, pero en la pretemporada de su año *sophomore* se rompió el ligamento cruzado anterior: adiós a la temporada completa.

Aquella lesión le mató deportivamente. Su compañero y amigo Matt Carroll —hermano de Jaycee— dijo de él que aquel problema de rodilla le lastró para siempre, le hizo perder ese algo especial que tenía. Había promediado 28 puntos en la NCAA, pero su carrera iba a ir para abajo.

Por si fuera poco, la enfermedad no daba tregua. En Gonzaga le era posible compaginar estudios, deporte y diabetes, pero todo se torció cuando llegó a la NBA con un calendario de 82 partidos entre noviembre y abril. Aún fue peor en Europa, cuando parecía, con una temporada más cómoda, que Morrison podría hacer carrera.

Volvió con 4 puntos en 15' en los Bobcats y la franquicia de Carolina decidió traspasarlo. No pudo caer en un sitio mejor, ya que aterrizó en los Lakers de Kobe, Odom y Pau Gasol o, lo que es lo mismo, los Lakers campeones.

Al llegar al Staples Center, se encontró con fotos suyas llorando con la camiseta de Gonzaga por todos lados. Los Lakers le habían puesto al límite para ver cómo reaccionaba: «Me reí, lo llevaba bien. Supongo que fue Jordan Farmar —rival en aquella derrota— con quien tenía una buena relación de antes», dijo al recordarlo.

Ganó dos anillos con roles marginales en el equipo antes de decir adiós a la NBA. Tuvo buenas actuaciones en alguna Summer League, pero «quitarte el título de *bust* y que te den un contrato es difícil», dijo.

Vive retirado, su primo banquero le lleva las cuentas —ganó aproximadamente 17 millones de dólares por jugar cuatro años en la NBA— y le ha enseñado cómo vivir con ese dinero para no tener que trabajar un día más en su vida.

Sin embargo, se instaló en Spokane y se sacó el grado de Sports Management en Gonzaga. Se ha afeitado ese bigote que hacía que los aficionados de los Zags se pintaran uno para animarle y el pelo, ahora, lo lleva recogido.

44 / 100

OCHENTA Y UNO

Decir en la NBA 22 de enero de 2006 es decir Staples Center, es decir Toronto Raptors contra Los Angeles Lakers y decir, bien alto, Kobe Bean Bryant. Aquella mágica noche, «Dios volvió a vestirse de jugador de baloncesto» pero cambió de colores. Lo hizo de blanco, dorado y púrpura, con un 8 a la espalda y en la persona de un jugador de Filadelfia.

Esa noche, los Raptors de Chris Bosh rendían visita a los Lakers. 18.997 personas estaban en las gradas y Kevin Fehr, Bill Spooner y Bill Kennedy eran los encargados de repartir justicia entre los equipos.

En LA estaban Smush Parker, Chris Mihm y Kwame Brown en el quinteto inicial, además de Lamar Odom y Kobe Bryant, la *Mamba Negra*. Esa misma temporada había conseguido anotar más puntos que todos los Dallas Mavericks juntos durante los tres cuartos que disputó. Se sentó con 62 mientras los tejanos sumaban 61. Le preguntaron si quería intentar llegar a los 70 y respondió con la mítica Mamba Mentality: «Lo haré otro día.»

Lo dijo Devean George años después, «sabíamos que iba a pasar pero no sabíamos cuándo, así que cuando la gente me pregunta si me sorprendieron los 81 puntos, les digo que no». También había un español invitado a aquella fiesta. José Manuel Calderón jugó 12 minutos y 47 segundos del día D.

El propio George avisó: «Las primeras canastas de Kobe fueron muy fáciles y, cuando hay alguien tan bueno delante, lo último que quieres es que se caliente.» Todo empezó así.

Su primera canasta, un aro pasado con rectificado ante la tímida oposición de Steve Novak. La segunda, un tiro de 6 metros por encima del defensor. Para Kobe, *layups*.

Llegaba con 57 tiros libres anotados de forma consecutiva y ese día falló. Pero lo hizo porque se fue 20 veces a la línea de personal y, en buena lógica, tenía que fallar. Anotó «solo» 18.

Al término del primer cuarto, los Raptors podían más que Kobe. Él llevaba 14, sus compañeros 15 y los Raptors, 36. En el segundo y en solo seis minutos, porque en algún momento tenía que respirar, anotó 12 más. Sus compañeros, entre todos y tirando el doble de veces, ocho. Con 61 tiros libres anotados de forma consecutiva, el número 62 se salió de dentro. Cogió su rebote y anotó de dos. Al descanso, Toronto ganaba de 14 a pesar de los 26 puntos de Kobe. Se venía la machada.

Sería tan sencillo como decir que, en la segunda parte, Toronto metió 44 puntos y Kobe 55. Pero hay que desglosarlo.

Descansó solo 4" con el partido ya ganado, los Lakers ganaron de 32 con él en pista y anotó más puntos que los Raptors en los dos cuartos. 22-27 para él en el tercero y 19-28 para la Mamba en el cuarto. 11/15 en el tercero con 4/5 en triples y 7/13 con 2/6 desde fuera en el último. En los libres, 13/14 para completar una actuación absolutamente memorable.

—¿Cuántos minutos ha jugado?

—42.

—¿Solo? Con prórroga habría llegado a los 100 —dijo Jason Kidd.

—Es una salvajada —Larry Bird.

—Lo más fuerte es que lo hizo parecer fácil —Flip Saunders.

45 / 100

MALICE

Más de una década después de aquella aciaga noche del 19 de noviembre de 2004, uno busca «Malice at the Palace» en Internet y la primera palabra asociada es *merch*, es decir, camisetas y artículos conmemorativos de una noche negra.

Esa tarde-noche en Detroit (Míchigan), los campeones de la NBA recibían a uno de los mayores cocos del Este, uno de los equipos que, en esos momentos, estaban por delante en la tabla de clasificación y uno de los *rosters* pensados para aspirar a su cetro del Este, los Indiana Pacers. No estaba Reggie Miller, de baja, pero sí aparecían nombres como Ron Artest, Stephen Jackson o Jermaine O'Neal.

«Los hechos de esta noche son impactantes, repulsivos e inexcusables, una humillación para cualquiera que tenga algo que ver con la NBA», diría horas después David Stern.

A falta de 45" y con el partido decantado para los Pacers, Ben Wallace fue a hundirla en el aro de los de Indianápolis cuando sufrió la falta de Ron Artest. El 3 de los Pistons se fue a por el 91 de los Pacers, al que empujó de forma violenta dando paso a una primera tangana.

Una vez apagado el primer incendio, Stephen Jackson encendió el segundo. El base de los Pacers comenzó a increpar a Richard Hamilton al tiempo que se ponía en posición de boxeo pidiendo guerra.

Mientras no menos de 12 jugadores de ambos equipos trataban de acabar con la trifulca insultándose, Ron Artest se tumbó en la mesa de anotadores, lo que los aficionados de Detroit vieron como una falta de respeto.

Uno de ellos, John Green, lanzó un refresco al alero de los Pacers, que respondió levantándose y subiendo a las gradas para pegarse con él. Por el camino dejó lesionado a Mark Boyle, la voz de la radio de los Pacers —le rompería cinco vértebras— y se fue a por el aficionado, un hombre que una década después sigue sin poder pisar el Palace.

Artest le lanzó el primer puñetazo. Sorprendentemente, Green no salió corriendo cuando vio venir al jugador —2 metros y más de 110 kg— y respondió a su golpe con otro. David Wallace, hermano de Big Ben, trató de golpear a Artest pero no lo consiguió y, mientras el 91 subía a las gradas, Stephen Jackson hizo lo propio. No se pegó con RIP Hamilton o Hunter a pesar de estar preparado, pero sí lo hizo con aficionados de los Pistons.

Rasheed Wallace se subió a la mesa de anotadores para pedir paz, Jamaal Tinsley y Reggie Miller llegaron también a las gradas para intentar sacar a sus compañeros de ahí. El último en llegar fue Jermaine O'Neal, que consiguió zafarse de los miembros del *staff pacer* que trataban de evitar que el *center* se metiera en la pelea. De vuelta al parquet, el 7 dejaría inconsciente a un aficionado de los Pistons, pudiendo haberlo matado si no hubiera resbalado antes de impactar el puñetazo.

Artest recibió la sanción más dura de la historia. 85 partidos en total (72 de Regular Season y 13 de PO) más 5 millones de dólares. Stephen Jackson, 30 partidos; O'Neal, 15; Anthony Johnson, con 5, o Miller, con 1, también fueron sancionados.

Wallace, el que inició la tangana, se perdió seis partidos, mientras que Billups, Elden Campbell y Derrick Colleman se perderían el siguiente choque de los Bad Boys. Colleman, según testigos, fue donde Stephen Jackson a decirle, con tono pausado, que le iba a matar.

46 / 100

BIG THREE

Para entender lo que es un Big Three hay que remontarse al primero de la nueva era. Porque Big Threes los hubo antes —unos años antes los Lakers juntaron a Payton, Kobe, Malone y Shaq—, pero el que inicia todo sucedió en 2007, en Boston. También hay algunos que matizan que no fue un Big Three, que no podemos olvidarnos de Rajon Rondo.

En mayo de 2007, la lotería del draft dejó en Boston el *pick* número 5 después de 24 victorias y 58 derrotas. Los Celtics eran uno de los equipos que menos anotaban, el antepenúltimo en *rating* ofensivo y el 20.º en asistencia al pabellón.

En aquel equipo había nombres interesantes como el del citado Rajon Rondo, Gerald Green, Al Jefferson, Ryan Gomes o Tony Allen y, cómo no, Paul Pierce. También estaba Kendrick Perkins, el *grinch*.

El jugador elegido con aquel *pick* 5 —Jeff Green— se fue directo a los Seattle Supersonics acompañado de Delonte West y Wally Szczerbiak y una segunda ronda del draft posterior, el de 2008. A cambio, los Celtics ponían una piedra importante en su nuevo proyecto ganador: Ray Allen aterrizaba en el Garden. Sucedió el 28 de junio de 2007, el día 0.

Poco más de un mes más tarde, Ryan Gomes, Gerald Green, Al Jefferson, Theo Ratliff, Sebastian Telfair, y dos primeras rondas del draft de 2009 dejaban Boston rumbo Minnesota, de donde aterrizaba en el Garden uno de los mejores jugadores de todos los tiempos y el mejor jamás visto en una camiseta de los Wolves: Kevin Garnett.

Boston completó el *roster* con agentes libres de interés como James Posey o Eddie House para cambiarle la cara al banquillo y el *mix* fue imparable. Había dudas sobre cómo encajarían Paul Pierce, Ray Allen y Kevin Garnett, y es que el «fracaso» de los Lakers de 2004 estaba muy reciente. Pero salió rodado.

Los Celtics anotaron solo 4,8 puntos más por partido con el Big Three que sin él, pero recibieron 8,9 puntos menos siendo la segunda mejor defensa de la NBA. Kevin Garnett fue el mejor defensor y ellos, el mejor equipo. Del 24-58 se pasó, en un año, a un sobresaliente 66-16 que les dio el primer puesto del Este.

Eliminaron a los Hawks en primera ronda en una serie en la que ninguno de los dos equipos robó el factor cancha al otro y a los Cavaliers en la segunda. Fue el primero de muchos duelos de postemporada contra LeBron James, que aparecía acompañado por West y Szczerbiak, que solo duraron en Seattle lo imprescindible y acabaron el año en The Land. Los 27 puntos, 6 rebotes y 4 asistencias de King James no fueron suficientes para ganar un único partido en Boston y los Celtics ganaron con lo mínimo: los partidos del Garden. En toda la serie, solo Cleveland en el *game 3* anotó más de 100 puntos en un partido.

Los que sí asaltaron el Garden fueron los Pistons de RIP Hamilton, Billups, Wallace y Prince. Perdieron el primero pero se fueron hasta los 103 puntos en el segundo y ahí Boston cayó, lo que le obligó a ganar en Míchigan. Bajaron el culo, dejaron a Detroit en 80 puntos y el *game 3* devolvió el orden a la serie que acabaría en el mismo pabellón y con parecido bagaje anotador de los Pistons. Boston se llevó el sexto por 89-81 y sacó su billete para las primeras finales de la NBA del siglo para ellos. Los casi 60 puntos que promediaba el Big Three tenían mucha culpa.

Las finales de 2007 eran las primeras del trío y el primer Celtics-Lakers del nuevo siglo, con todo lo que ello conllevaba. El formato de 2-3-2 obligaba a Boston a ganar en Los Ángeles si no quería tener dos *win or go home* en los partidos sexto y séptimo, y así fue. La serie viajó con 2-0 a LA y 36 puntos de Kobe —en un 87-81— decidieron el tercero. Boston se llevó el cuarto, LA el quinto a pesar de 38 puntos de Pierce y los Celtics tuvieron *match ball* en casa. No fallaron. Se fueron hasta los 131 puntos en el sexto, anotando 107 puntos entre segundo, tercer y cuarto parcial con 26 de Garnett, 26 de Allen y 21 de Rondo. Pierce firmó un +35 con él en pista.

47 / 100

REDEEM TEAM

Caer en Atenas en los Juegos Olímpicos de 2004 fue el peor momento de la historia del Team USA en el baloncesto mundial. Iverson, Duncan y unos jóvenes Wade, James o Anthony se marcharon de Grecia con el peor balance olímpico estadounidense, solo cinco victorias —medalla de bronce— y tres derrotas. Por el camino, eso sí, dejaron a España.

Cuatro años después, el Team USA no podía permitir que eso volviera a suceder y repitió con Wade, James y Anthony —cuatro años y un anillo de Flash más experimentados— y les acompañaron Jason Kidd, Kobe Bryant, Chris Paul, Chris Bosh o Dwight Howard. Muchos corrieron a bautizarlo como el Dream Team —como el del 92—, pero otros le cambiaron el nombre por el de Redeem —redimir— Team. Su camino hacia Pekín lo grabó una cadena televisiva bajo el nombre de *Road to redemption* —«Camino a la redención».

LeBron, Melo y Wade se sumaron al proyecto sin dudar; la espina de Grecia aún dolía, pero también lo hizo Kobe Bryant y no solo en los Juegos Olímpicos. Participó en el FIBA Américas de 2007, un torneo en el que USA se tenía que ganar el billete a Pekín. Ese verano, LeBron, Kidd, Howard, Melo o Kobe arrasaron ganando los siete partidos.

Todo empezó antes, en 2005, cuando Jerry Colangelo comenzó a entrevistarse de manera personal con 30 jugadores de la NBA a los que pedía un compromiso de tres años para un Mundial —Japón 2006— y unos Juegos Olímpicos —Pekín 2008.

La generación de 2003 falló en Atenas y también en Japón, donde cayó en semifinales ante Grecia, lo que hizo que James se ganara el apodo de *LeBronze* por las dos medallas consecutivas. Allí estaban los mejores amigos: Carmelo, Howard y Paul y, al frente, Coach K.

Dos años después y con solo dos negativas —Duncan y Garnett—, Colangelo tenía una lista de los 28 mejores jugadores de la NBA dispuestos a asumir el reto de redimirse, de devolver el orgullo a un país.

«En 2004 entrenamos tres semanas y nos fuimos a Grecia, ahora llevamos juntos tres años», dijo Wade sobre lo que en Las Vegas se entrenó y en Pekín se vio. Y es que en la capital de la República Popular China solo España —en la final— pudo plantar cara a un equipo con Carlos Boozer, Jason Kidd, LeBron James, Deron Williams, Michael Redd, Dwyane Wade, Kobe Bryant, Dwight Howard, Chris Bosh, Chris Paul, Tayshaun Prince o Carmelo Anthony.

Para el recuerdo quedará el mate de Rudy a Howard, el *clinic* de Ricky Rubio antes de cumplir los 18 años, el 7-0 de inicio del último cuarto para ponerse a solo 2 puntos a falta de 8:13, el triple de Carlos Jiménez que nos hizo creer... o los pasos de salida, las zonas de Howard o las faltas no pitadas a la —muy— física defensa de Estados Unidos.

Redención completada.

48 / 100

DURANTULA

1988, afueras de la capital de los Estados Unidos. El 29 de septiembre, nació Kevin Durant. Hijo de Wanda y Wayne, Durant fue siempre el chico más alto de su clase, algo que le hacía ser objeto de burlas por parte de sus compañeros. El alero tuvo un gran apoyo en su abuela, que le explicó desde pequeño que su altura era una bendición, no algo de lo que avergonzarse.

La relación de Kevin Durant con los aros comenzó con los PG Jaguars en Prince George's County, Maryland. Allí ganó dos anillos y allí decidió que usaría el 35 en su carrera como tributo a su entrenador, Charles Craig, que falleció a esa edad.

Tras los Jaguars, Durant defendió los colores de la Christian Academy, de la Montrose Christian School y de la Oak Hill Academy, donde también despuntó Carmelo Anthony años atrás. En aquella época, el alero creció hasta los casi siete pies que mide en la actualidad, a pesar de lo cual siguió trabajando en sus habilidades con el balón, lo que le ha hecho ser uno de los jugadores más difíciles de defender tanto a campo abierto como en estático.

Su nivel despertó el interés de las mejores universidades de Estados Unidos y, aunque estuvo cerca de irse a la Universidad de Carolina del Norte, donde jugaba su amigo Ty Lawson, se decidió por la Universidad de Texas, en Austin. Allí promedió 25 puntos y 11 rebotes en su primera temporada.

Tras una única temporada en los Longhorns, Durant se declaró elegible para el draft de 2007. Fue elegido por los Seattle Supersonics con el segundo *pick*, solo por detrás de Greg Oden. Como sonic, KD fue elegido como Rookie del Año y se convirtió en la primera estrella de la última franquicia en llegar a la NBA: los Oklahoma City Thunder. Con el 35 a la espalda, Durant abrazó la política de elecciones en el draft de los Thunder que eligieron a James Harden, Russell Westbrook y Serge Ibaka. Dos de ellos ganaron el MVP antes de 2017 y el otro, Harden, fue candidato en dos temporadas antes de ganarlo en 2018.

En 2010 fue Campeón del Mundo con los Estados Unidos en el Mundial de Baloncesto de Turquía, donde también fue el MVP. Dos años más tarde se colgó la medalla de oro en los Juegos Olímpicos de Londres, mismo metal que se colgaría en Río de Janeiro en los de 2016.

Como jugador de los Oklahoma City Thunder, Kevin Durant fue cuatro veces máximo anotador de la NBA, finalista en 2012, siete veces All Star, MVP de la temporada 2013-14 y también siete veces miembro de uno de los mejores quintetos.

Sin embargo, el 4 de julio de 2016, Kevin Durant anunció con una carta que abandonaba los Thunder para enrolarse en los Golden State Warriors, equipo que les había eliminado en las finales del Oeste tras remontarles un 3-1. Unos Warriors subcampeones de la NBA a pesar de haber logrado 73 victorias en la Regular Season.

Durant comenzó entonces su temporada más complicada y, a pesar del patinazo inicial en forma de derrota inaugural en casa ante los San Antonio Spurs, acabó la temporada con el MVP de las finales y el título de campeón bajo el brazo.

Casi nada para el chico al que vacilaban en el *cole* por ser alto.

49 / 100

RIP CITY

Portland es conocida como la Ciudad de las Rosas (el pabellón se llamaba Rose Center antes de que llegara un patrocinador), pero en el argot baloncestístico Portland es sinónimo de RIP City. La expresión le viene de largo, desde el 18 de febrero de 1971, cuando el *speaker* del pabellón comenzó a gritarlo después de una canasta muy lejana de Jim Barnett que daba posibilidades de ganar a los novatos Blazers ante los todopoderosos Lakers. Años después, Bill Schonely seguía sin saber por qué comenzó a gritarlo. Pero el mote se quedó.

Y RIP City es lo que mejor define a los Portland Trail Blazers del siglo XXI, la franquicia que pudo ser y no fue. Tras los numerosos escándalos de jugadores de Portland que le valieron al equipo el mote de los *Jail* (cárcel) *Blazers*, el equipo veía una nueva era con la llegada de uno de los mayores talentos de la NBA en ese momento. Respondía al nombre de Brandon Roy y se ganó al público desde su primer año.

Tras el draft de 2006, los Portland Trail Blazers consiguieron firmar a Brandon Roy y LaMarcus Aldridge. El ala pívot llegaba de los Chicago Bulls, que le habían elegido con el *pick* 2, y, a cambio, los Blazers enviaron a la Ciudad del Viento a Tyrus Thomas, su elección con el cuatro.

Roy llegaba de los Minnesota Timberwolves, donde fue elegido con el *pick* 6. Portland le cambió por Randy Foye, *pick* 7. Con ambos en el *roster*, ganaron 11 partidos más (de 21 a 32) pero lo gordo llegó después: les tocó la primera elección de un draft donde Greg Oden y Kevin Durant apuntaban a Hall of Fame desde bien jóvenes. Eligieron al primero, mejor defensor universitario y un hombre capaz de anotar 25 puntos, capturar 12 rebotes y poner 4 tapones en el partido por el campeonato. Promedió 15 puntos y 9,6 rebotes en su año *freshman*, su único año en la Universidad de Ohio State. «Es un jugador de los que salen uno en una década», dijo de él Steve Kerr. Y se juntaba con un tirador nato —Roy— y un ala pívot capaz de anotar desde media distancia —LaMarcus. Los ingredientes estaban ahí, pero los Blazers pasarían a la historia como la dinastía que no pudo ser.

Se habló mucho de *big threes* en esa época en la que los Celtics juntaron a Paul Pierce, Kevin Garnett y Ray Allen, pero los Blazers tenían el suyo. Era más joven (Oden, 19; LMA, 22, y Roy, 23) pero el futuro era suyo, igual que los Thunder un par de años después.

Oden estuvo cinco temporadas en los Blazers, en las que disputó 82 partidos. 61 como *rookie*, 21 como *sophomore* y ninguno entre el inicio de la temporada 2010-11 y el final de la 2012-13. Fue cortado por Portland el 15 de marzo de 2012, más de tres años después de jugar solo cuatro minutos en una victoria de los Blazers ante los Rockets. Sus promedios a 36 minutos eran buenos —15,3 puntos y 11,9 rebotes—, pero sus rodillas hicieron que solo jugara más de 30' 11 veces en cinco años.

La desgracia de Roy tardó bastante más en llegar, pero terminó de destrozar un proyecto ganador que nunca ganó. El 11 de abril de 2010, B-Roy sufrió una contusión ósea en la rodilla derecha que acabó con una operación en ambas rodillas en enero de 2011. Antes de eso, cuatro temporadas promediando más de 16 puntos y las dos anteriores a la lesión, por encima de los 21. Después, ser cortado, volver a Minnesota y meter 5,8 puntos en los cinco partidos que jugó antes de tirar, de nuevo, la toalla.

LaMarcus sí, LaMarcus cumplió con lo esperado. Dejó Portland camino de San Antonio como uno de los mejores jugadores de la historia de la franquicia y formó un dúo notable con Damian Lillard, base de Oregón elegido en el draft de 2012.

50 / 100

OKC

El 29 de octubre de 2008 los Oklahoma City Thunder jugaron su primer partido en la NBA. Earl Watson, Johan Petro, Jeff Green, Kevin Durant y Nick Collison fueron los titulares de un equipo donde un *rookie* de UCLA llamado Russell Westbrook sería el máximo anotador del equipo con 13 puntos. Menos de diez años después, esa franquicia había llegado a unas finales, había estado a ganar un partido de ir a otras y sumaba dos galardones de MVP en las personas de Kevin Durant y Russell Westbrook, ambos elegidos en el draft. Pero, ¿cómo se forjaron los Oklahoma City Thunder?

En 2006, el CEO de Starbucks y propietario de los dos equipos profesionales de baloncesto de Seattle —Sonics (ellos) y Storm (ellas)— vendió por 350 millones ambas franquicias a un grupo inversor con base en Oklahoma City, la ciudad que había acogido a los Hornets de Nueva Orleans después del huracán Katrina. La cabeza visible fue Clay Bennett, quien un año y medio después hizo público lo que los aficionados de los Supersonics temían: la franquicia se iba de la ciudad.

A pesar de que los colores y logos de los Sonics se quedaron en Seattle por si la franquicia regresa a la NBA algún día, los *banners* de campeones de división, conferencia o NBA —además del único trofeo de la franquicia— pertenecen a los Oklahoma City Thunder, que pretendieron abrazar a la gente de Seattle retirando el número 20 de Gary Payton nada más llegar. El base rechazó tal reconocimiento alegando que jugó en los Sonics, no en los Thunder.

El 3 de septiembre de 2008, se hizo público el nombre de la nueva franquicia. Los Thunder jugarían de azul claro, naranja y amarillo y

eligieron ese nombre por delante de otras propuestas como Rene-
gades, Twisters o Barons. El nombre de Thunder fue bien acogido,
ya que hacía referencia a que Oklahoma forma parte de la Tornado
Alley —la zona de los Estados Unidos con más tornados— y también a Oklahoma City como casa de la 45.ª División de Infantería de
los Estados Unidos, los Thunderbirds.

El 18 de abril de 2008, la NBA votó a favor de la relocalización
de los Seattle Supersonics de Seattle, Washington, a Oklahoma City,
Oklahoma, con 28 votos favorables y solo dos en contra: los de Mark
Cuban, Dallas Mavericks, y Paul Allen, Portland Trail Blazers. Previo
a esa votación, tres personas de la NBA visitaron Oklahoma para ver
in situ si el estado estaba preparado para tener una franquicia de la
NBA y la visita acabó con la confirmación de la noticia: estaban a un
paso de la liga.

Los ciudadanos del estado de Oklahoma habían aprobado una in-
versión de 130 millones de dólares para acondicionar el Ford Center,
el pabellón de Oklahoma City.

Perdería el primer partido en casa y Earl Watson pasó a la historia
por ser el primer anotador de la nueva franquicia. PJ Carlesimo duró
13 partidos al frente de los novatos (1-12) y Scott Brooks cogería las
riendas de una manera interina que duraría siete temporadas e inclui-
ría unas finales, las de 2011. El primer año, 23-59; el segundo, 50-32;
el cuarto, las finales de la NBA.

En su cuarta temporada, los Thunder tenían a Kevin Durant, Russell Westbrook, James Harden, Serge Ibaka, Kendrick Perkins, Derek
Fisher, Thabo Sefolosha, Reggie Jackson o Nick Collison. Caerían
por 1-4 en las finales de la NBA, las primeras que ganó LeBron James
con los Miami Heat. Se llevaron el primer choque con 36 puntos de
Durant, pero cayeron en los cuatro siguientes siendo penalizados por
el formato 2-3-2 de las finales.

51 / 100

EL CLUB

Es imposible desligar la NBA en España de Antoni Daimiel, el periodista que ha vivido más de veinte temporadas de manera ininterrumpida en las retransmisiones de la mejor liga del baloncesto del mundo. Y también es imposible olvidarse de su inseparable Andrés Montes, el genio. «Bienvenidos al club» era algo más que una frase, algo más que el inicio de una retransmisión deportiva. Así empezaba los partidos de la NBA el negro Andrés Montes, con una invitación a quedarse las dos o tres horas que duraba el partido a hablar de baloncesto, sí, pero a hacerlo a su manera.

Porque Montes era mucho más que baloncesto, era show, era arte, era improvisación, era *brrr*, era jugón y era ET, nuestro extraterrestre.

Desde American Graffiti —Pedja Stojakovic— hasta Wyatt Earp —Steve Kerr—, pasando por el Artículo 34 de Shaquille O'Neal o Robin Hood Nowitzki, Montes hizo mucho más que narrar, marcó un estilo inigualable, una era. Y acercó la NBA a las casas españolas hablando en clave, de *Amarrategui blues* por aquellos entrenadores más amigos de la defensa que del ataque o de *Al salir de clase* por los jóvenes que aterrizaban en la liga desde el instituto, sin pisar la universidad. También habló de *Melrose Place* para los guapetes o de *Raza Blanca Tirador*.

Montes se despidió de la NBA antes que de la tele. Pero se despidió con otra medalla al cuello, en este caso el cetro europeo que la España de Pau Gasol y compañía logró en el Eurobasket de 2009 tras superar un mal inicio de campeonato para terminar arrollando en las eliminatorias y en la final ante Serbia.

«Me despido de todos ustedes, esta es mi última retransmisión [...] y les voy a decir lo mismo que dije hace tres años y pico cuando llegue aquí: "La vida puede ser maravillosa".»

52 / 100

I PLAY WITH GUNS

Tuff Juice, la biografía de Caron Butler, vio la luz en Estados Unidos en 2015 y, a pesar de centrarse en los inicios de la carrera del exjugador, explica en primera persona el duelo pistola en mano que libraron Gilbert Arenas y Javaris Crittenton en el vestuario de los Washington Wizards.

Todo comenzó en el vuelo de regreso de una derrota en Phoenix cuando Arenas, Crittenton y otros jugadores comenzaron a jugar a las cartas. No sería una partida más, ya que el paso de los minutos elevó la temperatura hasta límites insospechados. Butler estaba sentado en un asiento cercano a ellos. Arenas era la estrella, pero Crittenton era uno de los compañeros más críticos con su comportamiento.

«De repente abrí los ojos cuando escuché a Javaris decir: "Devuelve el dinero, devuelve el puto dinero." "No lo voy a devolver. Gánatelo como Tyson consiguió su título. Lucha o haz lo que tengas que hacer para recuperar tu dinero. De otra manera no lo conseguirás", respondió Arenas. Cuando Gilbert se metió el dinero en el bolsillo, Crittenton se abalanzó sobre él, lo que hizo meterse a Antawn Jamison. Empujó a Crittenton hasta reducirle mientras le pedía que se calmara. Me levanté y grité que se callaran todos. "¿Cuánto había en la mesa?" "1.100 $", me respondieron, y pedí a Arenas que pagara: "Todos vivimos muy bien, así que simplemente, paga el dinero", le dije. "Un hombre que tiene un contrato de 111 millones de dólares no tiene que estar luchando por 1.100", criticó.»

Nadie hizo caso a Butler, que cuenta que siguieron discutiendo una vez aterrizados. «Habla con ellos», le dijo Ernie Grunfeld. «Ya lo he hecho, pero siguen discutiendo», contestó Butler.

«Mañana te veo en el entrenamiento y ya sabes lo que hago», dijo Arenas. «¿A qué te refieres, sabes lo que hago yo?», respondió Crittenton. «Juego con pistolas», alertó Arenas. «Bien, yo también», finalizó Crittenton.

Tuvimos libre el día siguiente, pero no el 21 de diciembre. El entrenamiento empezaba a las 10 de la mañana en el Verizon.

«Cuando entré en el vestuario pensé que de alguna manera me había transportado a mis días en las calles de Racine. Arenas estaba de pie delante de sus taquillas —las mismas que usó Michael Jordan años antes— con cuatro pistolas», relata Butler.

«Hey, hijo de puta, ven y coge una», dijo Arenas mientras señalaba las pistolas: «Te voy a disparar con una de ellas.»

«Tranquilo, no me vas a disparar con ninguna, tengo una aquí», dijo Crittenton dándose la vuelta como un pistolero en el Old West. Cogió la pistola —cargada— y apuntó a la estrella de los Wizards.

Otros jugadores ajenos a lo que pasaba se dieron cuenta de repente. Les costó unos segundos asimilar que eso no era una broma, que era real. «Todos salieron corriendo», relata Butler.

«Hablé calmadamente con Javaris recordándole que su carrera, sin mencionar su vida, se habría acabado de apretar el gatillo. Miré a Gilbert y estaba en silencio como si no estuviera ahí.» Acabó bajando la pistola.

Sé que Gilbert pensó: «He ido demasiado lejos, he tenido una pistola apuntándome y estaba cargada.» Alguien fuera del vestuario llamó al 911. Flip Saunders —técnico— estaba demasiado asustado como para entrar en el vestuario.

No tenía ninguna esperanza de que al resto no nos afectara. Sabía que era el final de la franquicia de los Washigton Wizards como la conocíamos. Grunfeld me advirtió: «Tenemos que traspasar a todos. Reconstruir mirando al futuro.» Lo único que respondí fue «Okay.» ¿Qué más podía decir?

Traducido de *Tuff Juice*, biografía de Caron Butler.

53 / 100

HEART

Jeff Green y Channing Frye compartían camino en la NBA mucho antes de que el *training camp* de los Cleveland Cavaliers les uniera al inicio de la temporada 2017-18: ambos fueron operados del corazón antes de regresar con más fuerza a las pistas y ambos vivieron para contarlo.

La dolencia de Green se la encontraron en 2011 en un análisis rutinario de los servicios médicos de los Boston Celtics. Sufría una dilatación en la válvula de la aorta, una dolencia de la que la gente suele percatarse cuando se rompe y tiene un alto porcentaje de muertes.

Tuvo suerte y fue operado a corazón abierto en 2012, tras lo cual el Dr. Lars Svensson le dijo que se mirara al espejo. El ala pívot no se reconocía a sí mismo al ver una cicatriz de garganta a abdomen que le acompañará para siempre.

«Me vi delante del espejo y no me reconocí. Me puse a llorar», dijo Green en *The Players' Tribune*. Semanas después comenzó una lenta recuperación con un especialista que los Celtics le recomendaron. Allí vio que era el único adulto menor de 60 años y a los más mayores ganarle en pruebas de esfuerzo en máquinas de *running*. «Corría cinco minutos y estaba exhausto.»

A los pocos meses, se reincorporó a la actividad de los Celtics y cuando empezó a entrenar con el grupo lo hizo sin camiseta. «Eh, ponte la camiseta», le dirían Garnett o Pierce, pero él sonreía y no lo hacía.

«Antes odiaba mi cicatriz, ahora la necesito para recordar de dónde vengo.»

En el caso de Channing Frye, campeón de la NBA en 2016 con los Cleveland Cavaliers que levantaron un 3-1 adverso a los Golden State Warriors, la fatal noticia llegó lejos, en el desierto de Arizona, donde Frye era uno de los mejores jugadores de los Phoenix Suns.

«Esto es serio, Channing. Si sigues jugando, puedes morir», fueron las terribles palabras que cambiaron la vida de un Channing Frye que ya había sufrido cuando su hija nació con cataratas. A los dos meses del nacimiento de la pequeña Margaux, su mujer le dijo que había un problema con los ojos del bebé. «Tenían que tener un color y eran blancos…simplemente blancos», relató Frye.

Se machacó durante el verano para evadirse de la difícil situación familiar y al regreso a Phoenix, la fatal noticia: «Tienes el corazón más grande. No podrás volver a jugar a baloncesto nunca.» Le prohibieron —a un deportista de élite— cualquier ejercicio, ya fuera correr, andar en bici o tirar a canasta, lo que hizo desesperarse a Frye.

Cuatro meses después de la noticia, Channing Frye comenzó a dar clases de yoga. «Subí quince escaleras y llegué jadeando. Era incapaz de estar dos minutos meditando, pero el yoga cambió mi vida.»

A la vuelta, Frye revolucionó su juego y comenzó a tirar triples como ya había empezado a hacer antes de la enfermedad. Pero mejor. «Un día, Alvin Gentry me vio con un pie encima de la línea y me obligó a ir para atrás, me dijo que si no tiraba triples me iba a echar.» Y así empezó el Frye 2.0, el pilar de los sorprendentes Suns 2012-13 y jugador clave en la rotación de los Cavaliers campeones en 2016.

54 / 100

DELONTE

Muchos recordarán a Delonte West por la supuesta relación que mantuvo con la madre de LeBron James.

Sin embargo, todo comenzó en Washington. Allí, un joven pálido y pelirrojo sufría el acoso y las risas de sus compañeros por ser diferente. Y él respondía en la pista: «Ahí no se podían reír.»

Sufrió una lesión de rodilla, dejó de ir al colegio y su madre le envió al campo con su padre. Entonces comenzó a autolesionarse hasta llegar al punto de querer acabar con su vida. Lejos de hacerlo, acabó de rodillas pactando con Dios: «Si me das la oportunidad de jugar en la NBA, honraré tu nombre.»

Nunca fue una estrella pero sí un gran complemento para una. Lo demostró en Boston y, sobre todo, en Cleveland con LeBron James. Su carrera se fue apagando en Ohio, regresó a Boston y acabó dos veces en Dallas: la primera, en los Mavs; la segunda, en su filial.

Self-destructive behavior es la palabra que le define. No era un loco, era un enfermo. En la pretemporada de 2008 montó en cólera contra un árbitro de instituto que los Cavaliers tenían para los partidillos. Se fue a Washington consciente de que necesitaba ayuda y el diagnóstico confirmó los peores presagios: trastorno bipolar.

Regresó a The Land y se abrió a los medios, que entendieron el problema y le mostraron su apoyo. «Ese comportamiento de autodestrucción me lleva persiguiendo toda la vida.»

Tuvo una buena temporada y una mejor postemporada pero acabó de mala manera en las finales del Este. Jugó 45 minutos de promedio con 14 puntos. Su problema, los 17 + 6 + 6 de Turkoglu.

Como parte de su enfermedad, Delonte tenía una medicación, el Seroquel.

En 2009, salió de su casa armado porque su madre le obligó a sacar las armas de allí. Sus sobrinos las habían encontrado y estaban jugando con ellas. Salió corriendo de casa y cuando conducía bajo los efectos de su medicación —un antipsicótico— le paró la policía. Le detuvieron con una pistola de 9 mm, un revólver y una escopeta en una funda de guitarra. Era coleccionista, no un tirador.

El destino se la había jugado y Delonte no pudo superarlo. Además comenzó a circular el bulo —nunca nadie lo confirmó— de que Delonte tenía una relación con Gloria James, la madre de LeBron. Salió de los Cavs y volvió a Boston, donde comenzó sancionado y acabó llegando el *lockout* en el peor momento porque el coste de su tratamiento le había dejado casi sin dinero. Mientras otros compañeros se fueron a China, o Europa, él trabajó en una fábrica de muebles en Maryland.

Los Mavericks confiaron en él, pero no tardaron mucho en ver que se equivocaron. Fue suspendido dos veces antes de empezar la temporada y, además, a pesar de que había firmado un contrato por 800.000 dólares, no encontró un sitio donde vivir, ya que caseros y propietarios no se fiaban de él. Tuvo que dormir en el vestuario de los Mavs o en el propio aparcamiento del American Airlines Arena.

Cuban solo tuvo que hacer un par de llamadas para encontrarle un apartamento. Uno con un balcón al AAA, donde Delonte West se sentaba —una vez cortado— para ver a la gente que iba a ver a los Mavericks. «Me quedaba allí quieto, llorando y dejé de comer.»

En aquellos días oscuros, Delonte West conoció a Caresha, su mujer y la madre de su hijo Cash. Se mudaron a Fort Washington, a la mansión de ocho dormitorios y piscina que Delonte todavía tenía. No podía pagar el mantenimiento y tuvo que calentar agua en una estufa para que su mujer, embarazada, pudiera darse un baño. Se declaró cortando un trozo de cuerda como si fuera un anillo. Ella dijo que sí.

Dejó de tomar la medicación al aceptar que estaría triste y alegre como una persona normal pero en 2016 volvió a la palestra al aparecer en un aparcamiento en Houston sin zapatillas. «Solía serlo», respondió a un joven que le preguntó si era Delonte West.

55 / 100

TYLER

Lo tenía todo para triunfar, unas condiciones atléticas excelentes y un talento innato para el baloncesto. «Va a jugar diez veces el All Star Game», dijo de él el conocido Sonny Vaccaro, gurú del baloncesto universitario en los Estados Unidos.

Mide 2,08 y su envergadura es de 2,26, pero en el verano de 2015, y tras no llegar a jugar con los Lakers, cerró, hasta el momento, la puerta a la NBA. Su destino, la liga china, donde sí demostró ese talento que se le intuía años atrás con 22 puntos y 11 rebotes de media por partido.

Jeremy Tyler (San Diego, California, 1991) tuvo envidia de Ricky Rubio y decidió que él también quería cobrar por jugar al baloncesto antes de entrar en la NBA.

Ahí comenzó su declive. En 2008, con solo 17 años, Jeremy Tyler decidió que no quería jugar en las universidades de los Estados Unidos como paso previo a dar el salto a la NBA y puso su punto de mira en Europa, donde Ricky Rubio —por citar el caso más extremo— debutó con 14 años como profesional y empezó a ganar dinero por jugar al baloncesto en edad cadete. Jeremy Tyler, como Brandon Jennings en el pasado o Mudiay más tarde, pensó que quería hacer lo mismo y se dejó querer por media Europa. De él decían que iba a ser el mejor pívot del mundo y que según su agente eligió la Liga ACB como el paso previo a los focos y canchas de la NBA. Con solo 17 años, pensaba jugar dos años en España antes de presentarse a un draft en el que todos creían que sería el número uno.

«Hay chicos que con 18 años van a la guerra de Irak y ese es su trabajo. El de mi hijo es mucho más divertido», ironizaba el padre del chico en *The New York Times* sobre la posibilidad de marchar al viejo continente.

En Yahoo, el propio Tyler fue mucho más explícito y puso su foco sobre Ricky Rubio: «Él con 14 años ganaba dinero jugando al mismo deporte que yo practico. Lo justo es que yo tenga la misma oportunidad.»

Tyler lo tenía claro y los equipos también. Finalmente fue en el Maccabi Haifa donde el joven solo duró diez partidos. En los aproximadamente dos meses que pasó en Israel antes de coger un avión y decir hasta luego sin llegar a un acuerdo con el equipo, Tyler promedió 2 puntos por partido. No pudo jugar en la NCAA a pesar de tener cerrado su acuerdo con Louisville por haber sido profesional antes, así que tuvo que improvisar y acabó jugando en Japón. 9,9 puntos y 6 rebotes llevaron su firma en los más de treinta partidos que jugó en el país nipón hasta que pudo presentarse al draft.

Tras haber copado portadas y ser una sensación en el baloncesto de los institutos dos años antes, Jeremy Tyler cayó hasta el puesto número 29 del draft de 2011, donde le eligieron los Charlotte Bobcats. Sin embargo, no llegó a vestir la camiseta de los Cats porque los Warriors le ficharon a cambio de dos millones de dólares la misma noche del draft.

Californianos como él, los Warriors tenían unos informes excelentes sobre Tyler y decidieron arriesgar con él para ver si seguía quedando algo de aquel chico que tanto había apuntado solo dos años atrás.

Cuatro temporadas y tres equipos después, los Lakers fueron los últimos en darle la oportunidad tras terminar la temporada 13-14 en las filas de los Knicks con un rol marginal. La franquicia de su California natal no llegó a ver debutar en partido oficial al que iba a ser el mejor pívot del mundo, ya que le dio la carta de libertad cuando el jugador llegó a las oficinas de los Buss con una suculenta oferta de la CBA china.

56 / 100

THE KING IN THE FOURTH

Cuando uno piensa en una estrella de la NBA hay varios factores que se dan por hecho: el sujeto ha de ser alto –más de 1,90— y tiene que ser drafteado —elegido— relativamente alto.

Pues ni una ni otra.

El caso de Isaiah Thomas es el del jugador que rompió todos los esquemas habidos y por haber para convertirse en la estrella de la franquicia más mítica de la NBA, los Boston Celtics, donde llegó, casi de rebote, en febrero de 2015.

Lo primero que hay que aclarar de la historia de Isaiah Thomas es que no tiene ningún parentesco con el histórico base de los Detroit Pistons Isiah Thomas. Pero se llama así por él. Su padre apostó a que los Lakers ganarían a los Bad Boys la final de 1989 y, a pesar de que IT nació antes, el padre decidió llamarle así aunque la madre matizó que debería ser Isaiah, más bíblico. Nació y creció en Tacoma, en el estado de Washington.

IT estudió allí antes de entrar en la Universidad de Washington, donde lució el 2 de otra estrella histórica del equipo: Nate Robinson. El ganador del concurso de mates de la NBA dio su bendición a un jugador con el que compartía, entre otras muchas cosas, la talla. Los 31 puntos que venía promediando Thomas eran una buena carta de presentación y en 2008 entró en la UW. Tras tres temporadas en la Universidad, Isaiah Thomas se declaró elegible para la NBA en marzo de 2011, y fue seleccionado en el último puesto —número 60— por los Sacramento Kings. Allí formó un dúo maravilloso con DeMarcus Cousins. Base y bajito el uno y pívot y grande el otro, formaron una pareja que daba gusto ver por sí solos. En su año *rookie*, IT logró su primer doble-doble en la NBA con 23 puntos y 11 asistencias ante los Cavaliers. Acabó en el segundo quinteto de *rookies* y como séptimo mejor novato en un galardón que se llevó Kyrie Irving. Fue ganando peso en los Kings poco a poco y, ya en su año *sophomore*, la 2012-13, inició casi todos los partidos como titular y acreditó 13 puntos y 4 asistencias, que serían 20 y 6 en la siguiente, la última con los de California porque, como agente libre, Isaiah se fue a los Suns.

El equipo de Hornacek cerró la 2013-14 como la gran revelación de la NBA y Goran Dragic se llevó el galardón al Jugador Más Mejorado con total merecimiento. A pesar de contar con *The Dragon* y con Bledsoe, los Suns ficharon a Isaiah Thomas para jugar con un *ultra small ball* que acabó con Thomas en los Celtics en febrero de aquella temporada.

En un traspaso a cuatro bandas entre Phoenix, Boston, Milwaukee y Filadelfia, Isaiah Thomas recaló en unos Celtics que navegaban por el desierto de la NBA buscando una reconstrucción lenta que acabó con el equipo octavo ese mismo año.

Isaiah comenzó con un rol de sexto hombre que rápidamente se le quedó pequeño. Promedió 19 puntos en los 21 partidos que empezó desde el banquillo con los verdes y 17,5 en la serie ante los Cavaliers que perdieron por 4-0. Un año más tarde, tampoco pasaron la primera ronda, a pesar de los 24,2 puntos de su base titular, pero en la 2016-17 —y con Thomas ya como estrella no solo de Boston; también de la NBA— los Celtics volvieron a las finales de Conferencia ante los Cavaliers y cayeron por 4-1 ante LeBron James. Esos play-offs, Isaiah los comenzó con la terrible noticia del fallecimiento de su hermana pequeña, Chyna, a pesar de lo cual IT jugó el primer partido de la serie ante Chicago al día siguiente del suceso.

57 / 100

BIG SPAIN

Durante años —muchos—, Marc Gasol tuvo que lidiar con una coletilla que le hacía de menos cada vez que se calzaba las zapatillas de baloncesto. Su nombre iba, inevitablemente, ligado al de su hermano mayor, Pau, en cuyo traspaso a los Lakers estuvo implicado el propio Marc, que aterrizó en Memphis.

Precisamente en el estado de Elvis, Marc había jugado en categorías inferiores mientras su hermano Pau se convertía en el mejor jugador de la historia de la franquicia. Antes de volver a España, Marc se ganó el apodo de *Mr Basketball* tras promediar más de 30 puntos en el Lausanne Collegiate School en Memphis. A pesar de recibir ofertas universitarias, hizo las maletas y volvió a Barcelona, donde debutó Pau. Marc llegó al Barcelona de Ivanovic con 18 años y con solo 21 se proclamó Campeón del Mundo en Japón tras ocupar el último puesto de la lista de Pepu Hernández. Una vez más, con la sombra de ir por ser *el hermano de Pau*.

De vuelta a la ACB, cambió Barcelona por Gerona y pasó de 3 puntos y 3 rebotes a 11 + 5 en la primera y 17 + 8 para 28 de valoración en la segunda temporada en el equipo gerundense. Para entonces, Marc ya sabía que los Lakers tenían sus derechos en la NBA y que cualquier salto a USA pasaría por la franquicia angelina, aún en reconstrucción. Sin embargo, mientras coleccionaba MVP de la Liga ACB —hasta 11 en 2008—, llegó la noticia que cambió la vida de su hermano: Pau Gasol se marchaba a los Lakers a cambio de un *pack* que incluía los derechos de Marc, o, lo que es lo mismo: Marc iniciaría su carrera en la NBA en el mismo sitio que Pau.

Llegó a Memphis con 24 años, a una franquicia que trataba de recuperar el rumbo perdido, un equipo que daba un paso para adelante y dos para atrás y rápidamente se hizo con un rol importante. Fue titular en 75 partidos en su año *rookie* después de colgarse la plata en Pekín el verano anterior a la NBA y promedió 12 puntos y 7,5 rebotes con los de Tennessee. Ganaron solo 24 partidos en una campaña con tres entrenadores.

Para el siguiente *training camp*, y como muestra de lo que eran los Grizzlies, Marc tenía como compañero a un Allen Iverson que duró tres partidos en el equipo. Los Grizz acabaron con un buen 40-42 en un equipo donde solo Randolph —28 años en aquel momento— era un veterano entre los jugadores destacados de la rotación. Al tercer año, sí. Play-offs. Los Grizzlies subieron nueve puestos en el *ranking* defensivo de la NBA y un sobresaliente 46-36 les valió el octavo puesto del Oeste. Se cargaron a los Spurs con 14 puntos, 6 asistencias y 5 rebotes de un *center* nada ortodoxo como Marc Gasol, pero los Thunder (3-4) les apearon de las finales del Oeste que sí jugarían dos años después, en la 2012-13.

En lo personal, Marc no bajaría de los 14 puntos de promedio desde 2011 y sería —ese mismo año— All Star por primera vez, algo que repetiría en 2015 —salto con Pau— y en 2017. Siguió reboteando de manera regular, aunque lo que verdaderamente le hizo un hombre importante fue su versatilidad, su lectura de juego… y su defensa.

Tras varios años esperando que Serge Ibaka fuera el primer jugador con pasaporte español en llevarse el reconocimiento de mejor defensor de la NBA, fue Marc Gasol el que se lo llevó en la temporada 2012-13, la que jugó las finales de Conferencia ante San Antonio.

La historia de amor de Marc con los Memphis Grizzlies acabó en febrero de 2019 cuando los Toronto Raptors decidieron dar un paso adelante en su lucha por el Este y adquirieron al pívot español. Solo cuatro meses después, Marc se convertía en el segundo campeón español de la NBA en el sexto partido de las finales.

Con la selección, *el hermano de Pau* suma un Mundial (2006), dos europeos (2009 y 2011) y dos platas olímpicas (2008 y 2012). Casi nada.

58 / 100

TRECE

Antes de ser la estrella de unos Pacers que quisieron aspirar al anillo, Paul George era solo un joven que perdía, perdía y volvía a perder partidos de uno-contra-uno con su hermana mayor. Las reglas eran sencillas: solo las faltas más evidentes serían señaladas y había que llegar a 21 puntos. No había clemencia, no había hermano pequeño.

El Jugador Más Mejorado de la NBA en 2013 tardó ocho años en poder vencer a su hermana Teiosha. Mayor y con los brazos más largos, Teiosha fue el primer gran rival de George. *Trece* recuerda que «era conocido por ser el hermano pequeño de Teiosha, ella marcaba la tendencia».

Cinco años mayor que el campeón olímpico en Río 2016, Teiosha identifica fácilmente los elementos que su hermano menor ha adquirido de ella misma. Las rutinas en el tiro libre, por ejemplo, son las mismas: el mismo número de botes, el mismo número de vueltas al balón y casi el mismo ángulo.

Si George ha demostrado tenacidad a la hora de jugar ha sido en gran parte culpa de su hermana, que le martirizó en la pista durante los años en los que más se notaba su diferencia de edad y tamaño. Su hermana mayor demostró a George que nadie iba a tener clemencia con él en el baloncesto, que nada de lo que pudiera lograr le iba a ser fácil de conseguir.

«Simplemente trataba de taponar todos sus tiros. Se frustraba mucho porque ambos éramos muy competitivos, pero no iba a dejar a mi hermano menor, que encima era más bajito que yo, que me ganara. Había un montón de esfuerzo y apoyo», rememoraba ella al inicio de 2017.

«Durante mucho tiempo me era difícil participar en partidos de baloncesto delante de gente», dice George. Su hermana le enseñó cómo aceptar las críticas y también cómo tirar con una mecánica apropiada, ya que, de muy joven, George tiraba con las dos manos.

«Tenía la mecánica más fea de la historia. Parecía que estaba tirando un balón medicinal», decía ella. «Me convertí en una rata de gimnasio por su culpa», recuerda Paul George, que, antes de pegar el estirón y llegar a sus 6,9 pies, solo veía una manera de ganar: mejorar su tiro exterior.

«Solo podía ganarle desde el perímetro; era fuerte, era alta y sabía moverse, no había otra manera», reía PG.

Todo cambió cuando Paul creció. Teiosha recuerda el partido. Fue aprovechando una visita a casa cuando ella tenía 22 años y él 17. Entonces se dio cuenta de que no habría superioridad física nunca más. «Intenté postearle y sus brazos eran superlargos, me taponaba todos los tiros y pensé "Oh, Dios, así es como se siente en el otro lado"», recuerda la mayor de los George. A pesar de la mejora de Paul, el duelo se lo llevó por los pelos. Teiosha quiso la revancha. «*Nope*», le contestó su hermano pequeño.

El siguiente duelo tuvo lugar cuando Paul George ya era *freshman* en Fresno State. «Simplemente le masacré. Fue la última vez y ella estaba como "no volveré a jugar contra ti nunca más"».

Después de Fresno State, la siguiente etapa de la carrera de Paul George fue el *pick* 10 del draft y los Indiana Pacers, donde siete años después salió siendo uno de los mejores jugadores de la historia de la franquicia.

En verano de 2014, y cuando se preparaba para liderar al Team USA en el Mundial de España, Paul George sufrió la gravísima lesión que marcaría un antes y un después en su carrera. «Es increíble cómo ha vuelto», dijo Popovich al verle después.

En febrero de 2016, anotó 41 puntos en el All Star Game y en abril lideró a los Pacers en su serie a siete partidos ante Toronto.

«Me recuerda al joven Kobe que sufrí durante mis años en Seattle», confesó Dwane Casey.

59 / 100

RICKY

Con casi 15 años, en España, cualquier niño se levanta pronto para ir al colegio y cursar el inicio de 4.º de la ESO. Pero no para él. En octubre de 2005, Ricky Rubio (El Masnou, 1990) debutó en la Liga ACB mientras sus compañeros estudiaban el último curso de la educación secundaria obligatoria. 6 días antes de cumplir los 15 años, Ricard Rubio Vives debutó en la máxima categoría del baloncesto nacional anotando dos puntos, recuperando dos balones y dando una asistencia ante el Granada. Esa misma temporada, Rubio ganaría la Eurocup con la Penya y en verano, mientras los mayores eran Campeones del Mundo en Japón, Ricky Rubio conquistaba el Europeo Cadete —su categoría— con 51 puntos, 24 rebotes, 12 asistencias y 7 robos en la final.

Con solo 18 años, Rubio formó parte del mejor quinteto de la Liga ACB y fue el más joven de la historia en colarse en el mismo. Ganó dos títulos con la Penya, la Copa del Rey y la ULEB, formando un dúo excepcional con Rudy Fernández y, también con Rudy, se colgó la plata en los Juegos Olímpicos de Pekín tras caer en un apretado partido ante el Team USA de Kobe Bryant y LeBron James. Todavía sin ser mayor de edad, Rubio fue titular en una final olímpica y se ganó los halagos de Jason Kidd.

Un año después, los Minnesota Timberwolves le eligieron como número 5 del draft de 2009, su último año en Badalona. A pesar de ser elegido, Ricky siguió en España y se convirtió en el fichaje más caro de la historia de la Liga ACB yéndose al Barça, con quien ganó la Euroliga en 2010.

Haría las Américas en 2011, el año del *lockout*, por lo que el debut de Ricky Rubio en la NBA se hizo esperar hasta las Navidades de ese mismo año. Debutó con 6 puntos, 6 asistencias y 5 rebotes ante Oklahoma y, en su tercer partido, contra los Heat de LeBron, completó su primer doble-doble con 12 puntos y 12 asistencias. Fue elegido Rookie del Mes en enero y seleccionado para el Rising Stars Challenge de febrero de 2012, pero un mes después se rompió la rodilla y dijo adiós a la temporada y a los Juegos Olímpicos de Londres. Debutaría, de nuevo, en Navidades y ante los campeones Mavericks. Minnesota se llevó el choque en la prórroga con una gran actuación de Ricky. A pesar de que su rendimiento fue muy regular, tuvo que lidiar con intensos rumores de traspasos durante los dos últimos años en Minnesota antes de ser enviado a los Utah Jazz en verano de 2017. Tuvo otra grave lesión —esta vez en el tobillo— en la temporada 2014-15, en un duelo ante los Magic tras una entrada a canasta.

A pesar de los buenos nombres que los Wolves ponían sobre la mesa, primero creando un equipo sobre Kevin Love y después sobre Wiggins y Towns, Rubio dejó Minneapolis sin haber jugado la postemporada y con sensación de que el equipo pudo dar más en varias temporadas.

Como jugador de los Wolves vivió uno de los momentos más duros de su carrera deportiva en 2015, cuando falleció Flip Saunders, su técnico hasta el momento, a causa de un linfoma de Hodgkin.

353 partidos con 10,5 puntos y 8 asistencias de media fueron su legado en los Timberwolves, lo que le convierte en uno de los más destacados jugadores de la historia de la franquicia creada en 1995.

60 / 100

WAKE UP, THIS IS NEW YORK

Cualquier aficionado de los New York Knicks soñaba, durante la temporada 2010-11, con la llegada de Carmelo Anthony, estrella neoyorquina de los Denver Nuggets y uno de los mejores jugadores del excelso draft de 2003. Ese sueño se convirtió en realidad el 22 de febrero de 2011, el día de Carmelo.

Después de siete temporadas y media en las que había llevado a los Nuggets hasta las finales de Conferencia en 2009, Carmelo Anthony quería cambiar de aires y volver a casa. Venía de promediar 28 puntos con Denver en la temporada 2009-10 aunque había bajado hasta los 25 en la mitad de la 2010-11, que jugó en el Pepsi Center.

Los New York Knicks consiguieron la estrella que anhelaban en la Gran Manzana y, sin embargo, porque esto es Nueva York, no ganaron en el *trade* de Melo con los Denver Nuggets.

Fue un traspaso a tres bandas entre New York Knicks, Denver Nuggets y Minnesota Timberwolves y los Knicks perdieron a Wilson Chandler, Raymond Felton, Danilo Gallinari y Timofey Mozgov destino Denver, además de una cantidad de dinero, dos segundas rondas del draft (2012 y 2013) y dos primeras rondas, la de 2014, Saric y la de 2016, Jamal Murray. También enviaron a Minnesota a Anthony Randolph y Eddy Curry, además de otra cantidad de dinero.

De Denver recibieron, además de a Melo, a Chauncey Billups, Shelden Williams, Anthony Carter y Renaldo Balkman y, de los Wolves, a Corey Brewer.

Lo mejor que sacaron los Knicks, por nombre, fueron Chaucey Billups y Corey Brewer. El primero fue cortado en diciembre de 2011 cuando todavía no había empezado su segunda campaña en la Gran

Manzana y pasó por Clippers y Pistons antes de retirarse, y el segundo no llegó a vestir los colores de los Knicks, ya que fue cortado una semana después del traspaso.

La era de Carmelo Anthony en los New York Knicks tuvo un gran año en la temporada 2012-13 cuando los Knicks cayeron en unas semifinales de Conferencia de otra época ante los Indiana Pacers, a la postre subcampeones del Este. Esa misma temporada, además de Melo, Woodson tenía a sus órdenes a Jason Kidd, Tyson Chandler, Iman Shumpert, Amar'e Stoudemire o JR Smith, nombrado Mejor Sexto Hombre de la NBA. Eliminaron a Boston en primera ronda pero se dieron de frente ante los Pacers de Frank Vogel. Y ahí acabó lo bueno.

Dos temporadas y media de Melo con tres viajes a los play-offs que significaron 21 partidos de postemporada con 14 derrotas y solo siete victorias, es decir, una eliminatoria superada.

Carmelo Anthony salió de los New York Knicks en verano de 2017 rumbo a los Oklahoma City Thunder tras defender la camiseta de los neoyorquinos en 412 ocasiones. Desde que llegó hasta el *trade* a OKC, Melo se perdió 80 partidos por diferentes lesiones, un total de 502 choques con un balance de 221 victorias y 281 derrotas.

En el lado opuesto, los Nuggets ganaron 17 de los 27 partidos hasta el final de la temporada 2010-11 y cayeron una vez más en primera ronda del Oeste. Mismo resultado que en 2012 y 2013. Cambiaron el *pick* de Saric por Iguodala, que estuvo solo un año en el equipo antes de irse a su verdugo en play-offs, los Warriors, y, hasta la 2016-17, el balance sin Carmelo fue superior al de los Knicks.

61 / 100

GREEN

Llegaba con el título nacional de 2009 tras imponerse a los Spartans de Michigan State —de un tal Draymond Green— en la Final Four del March Madness. Con él jugaban Ty Lawson, Wayne Ellington, Tyler Hansbrough, Ed Davis o Tyler Zeller y fue elegido en el puesto número 46 del draft, aunque solo duró veinte partidos en los Cavaliers en su año *rookie*. Tras The Land, Spurs, nada y Spurs.

«Después del segundo corte de los Spurs fue mi peor momento. Estuve en casa dos meses sin saber qué hacer», dijo al *New York Daily News* en 2013. Harto de la D-League y sin ganas de jugar en Europa, Danny Green cogió su teléfono y llamó a su entrenador para pedirle una segunda oportunidad. «Si tengo una segunda oportunidad haré todo lo posible por estar de vuelta en el equipo, llevaré toallas, haré de utillero, no me lo tomaré a la ligera. Haré todo lo que pueda», le dijo al buzón de voz de Gregg Popovich.

Green había llegado en marzo y jugado los últimos seis partidos de Regular Season además de la serie contra Memphis, aunque el *lockout* no parecía ser la mejor señal para su carrera. En agosto anunció en Twitter que firmaba con el Olimpia de Ljubljana durante el cierre patronal de la liga. Jugó siete partidos de Euroliga y promedió 11,4 puntos, con un 25% de acierto desde el triple.

La NBA comenzaría el 25 de diciembre de 2011 y la temporada de los Spurs un día después, el 26. Los malos play-offs se llevaron por delante al niño bonito de Gregg Popovych, George Hill, e hizo aterrizar vía draft a Kawhi Leonard. Con el *rookie*, Duncan y Ginobili, se quedaron a dos partidos de las finales tras ganar 20 seguidos entre final de RS y play-offs.

Eneko Picavea

Green pasó a ser el jugador que Popovich quería tener más cerca en el banquillo, un hombre que aceptaba cualquier crítica y se sentaba en el banco al más mínimo despiste.

La postemporada de 2013 fue la mejor de su carrera. San Antonio acabó segundo del Oeste, lo que le emparejaba con Los Angeles Lakers en la primera ronda; los Lakers de Bryant, Gasol, Nash y Howard. Les arrollaron con un +75 en solo cuatro choques.

Hubo sorpresa en primera ronda y los Spurs se enfrentaron a los Warriors de Stephen Curry, Klay Thompson, Jarrett Jack, Carl Landry y Richard Jefferson. Completaron un partido sensacional en El Álamo, pero Manu Ginobili clavó un triple final para dar el 1-0. Mucha culpa tuvo también Danny Green, que anotó 6 triples para irse hasta los 22 puntos.

Los Warriors ganarían el segundo y salieron de California con un 2-2, pero los Spurs no dieron opción a la revolución. Ganaron de 18 y de 12 y se metieron en las finales del Oeste, donde llegó la *vendetta* respecto al play-off de 2011.

Memphis fue arrasado por los Spurs y cayó 4-0, por lo que San Antonio regresaba a unas finales de manera triunfal. Visitaron Miami en los dos primeros partidos de las finales y, más allá del 1-1, los Spurs salieron con un candidato inesperado para el MVP. Danny Green anotó 4 de 9 triples en el primer partido y 5 de 5 en el segundo, algo que nadie había hecho en la historia de la NBA.

Tras caer por 19 puntos en el segundo partido, San Antonio aplastó a Miami en el tercero. Green anotó siete de los nueve triples que lanzó y fue clave para el +36 de los de El Álamo. Green ya oposibaba de verdad al MVP de las finales y en los siguientes dos partidos anotó 9 de 15 desde el perímetro.

Lamentablemente para él, entró en caída libre cuando se disputaban el título y solo anotó 2 de los 11 que lanzó en Miami en los dos partidos decisivos. A pesar de ello, San Antonio estuvo a pocos segundos de llevarse las finales en el sexto partido. El que sí acertó entonces desde el triple fue Ray Allen.

62 / 100

SMILE

Si algo caracteriza al MVP de las finales de 2014, Kawhi Leonard, es la total y absoluta falta de sonrisas en su juego. Kawhi no sonríe, nunca. Su historia, antes de fallar un tiro libre que habría supuesto un anillo y de secar a LeBron James para darle el quinto a Duncan y Pops un año después, es, como poco, curiosa.

Para empezar porque Kawhi Leonard perdió la oportunidad de entrar en el High School de California Springs por llegar tarde. ¿La razón? Su madre estaba trabajando y no pudo llevarle a tiempo. El técnico se negó a hacerle la prueba después y el joven Kawhi acabó en el Martin Luther King de Riverside. De ahí, a San Diego State... y a los Spurs.

Tim Sweeney, técnico de Riverside, tenía que rogar a Kawhi que se fuera a casa, que él tenía cuatro hijos y que quería estar con ellos. «Le dije a mi padre que ahí no es que hubiera un NBA, es que había un All Star de la NBA, y empezó a reírse. Ahora nadie lo hace», dijo. «Hay algo en su juego, no tiene que anotar para dominar un partido, puede hacerlo rebotando o asistiendo», añadió. Dejó San Diego con 14 puntos, 10 rebotes y 2 asistencias.

«Estaba verdaderamente nervioso. Creo que teníamos el *pick* 15 y según llegaban el 12 y el 13 recuerdo mirar a nuestro CEO y preguntarle si realmente íbamos a hacerlo. George Hill era uno de mis jugadores preferidos pero teníamos que picar más alto», reconoció sobre Kawhi su mentor, Gregg Popovich. Lo hicieron. Enviaron a George Hill a los Indiana Pacers a cambio de ese *pick* y eligieron a la estrella de San Diego State. Solo un par de años después, Kawhi tenía dos tiros libres para finiquitar las finales de 2013. Metió uno y Ray Allen forzó la prórroga. ¿Cómo cayó Kawhi hasta el puesto 15? Es otro cantar.

El Draft Combine es el entrenamiento previo al draft que los jugadores de la NBA pasan con las franquicias que podrían elegirle y es,
por ejemplo, culpable de que Kristaps Porzingis no fuera elegido por
los Lakers y de que los Phoenix Suns pasaran de Leonard.

En esos entrenamientos, Kawhi gustó —mucho— a los San Antonio Spurs, que tuvieron que actuar con sigilo, ya que no querían que
se supiera a quién iban a elegir.

Además de entrenar las habilidades de baloncesto, los jugadores
se reúnen con las franquicias y pasan una entrevista personal con la
que tienen que dibujar el perfil del joven al que pueden contratar y,
claro, la timidez de Kawhi le pasó una mala factura.

Se reunió con los Phoenix Suns, que tenían el *pick* 13 —Markieff
Morris— y, a pesar de que ciertos informes hablaban de problemas
de tiro exterior —25% en triples— o dudas sobre el nivel que podría
alcanzar, la principal razón para que pasaran de Leonard fue la entrevista personal en la que un Kawhi con traje —en verano— no dejó
de sudar en ningún momento.

Promedió 8 puntos y 5 rebotes en su primera temporada, 12 y 6 en
la segunda y fue MVP de las finales de la NBA en la tercera. Promedió solo 9 puntos en los dos primeros duelos en San Antonio, pero el
viaje a Florida le sentó fenomenal.

Hizo 29 puntos con un 76% en TC en el tercero y 20 con un 60%
en el cuarto. Sentenció en casa con 22 puntos tirando solo 10 veces.
Secó a LeBron James. Y todo sin esbozar una sonrisa ni romper un
plato.

63 / 100

LINSANITY

De origen taiwanés y con estudios en Harvard, Jeremy Lin no ha encontrado en estos dos matices ningún impedimento para triunfar en la NBA. Tampoco lo fue no ser seleccionado en el draft del año 2010. Jeremy Lin creció en el seno de una familia cristiana en Palo Alto, en la bahía de San Francisco, después de que sus padres llegaran a principios de los 70 de su Taiwan natal. A pesar de jugar en un instituto pequeño como el de Palo Alto, fue nombrado como uno de los cinco integrantes del quinteto ideal al final de año en la División II del Norte de California.

Tenía buenos números pero ninguna universidad —con buen programa de deportes— quiso darle una beca, algo que sí ofrecieron dos de las mejores a nivel académico: Harvard —donde acabaría— y Brown.

El draft fue un tormento para él. David Stern no anunció su nombre entre los sesenta seleccionados aunque, más tarde, los Mavericks le darían un hueco en el equipo de la Summer League. Allí Lin brilló en su duelo ante el número 1, John Wall, lo que llevó a Dallas, Lakers y Warriors a ofrecerle un contrato. *Linsanity* apostaría por los últimos, su equipo desde pequeño y, además, firmó tres años con Nike.

La expectación generada entre la gran colonia asiática en San Francisco le pasó factura hasta el punto de que el propio Lin admitió sentirse más cómodo jugando como visitante, algo que Stephen Curry corroboró. Cerró su año de *rookie* con solo 29 partidos.

El verano del *lockout*, Lin sanó su rodilla maltrecha pero fue cortado por Golden State. Y después fichado y cortado por Houston antes de Navidad. En ese tiempo, Iman Shumpert cayó lesionado en Nueva York y los Knicks dieron un puesto de *guard* a Lin.

Allí fue cuando Lin vivió los capítulos más llamativos de su carrera. Por un lado, dejó constancia en Twitter de que cada vez que entraba al Madison Square Garden le paraban pensando que no era un jugador y, por otro, durmió en el sofá de Landry Fields una noche por culpa de una fiesta en casa de su hermano. Con un contrato temporal, Lin ni se compró una casa ni alquiló nada, vivía con su hermano en la Gran Manzana.

Además de la lesión de Shumpert, los Knicks sufrieron la traumática baja de un Baron Davis que se destrozó la rodilla. Pensaban cortar a Lin para fichar un base, pero antes de ir al mercado probaron al 17. Y Lin lideró la mejor etapa de Nueva York aquel año. Tras destacar frente a Boston, explotó frente a los Nets de Deron Wiliams con 25 puntos, 7 asistencias y 5 rebotes, y ante los Lakers de un Kobe Bryant que dijo no haberle visto jugar firmó 34 puntos.

Su espectacular irrupción le valió ser nombrado como Jugador de la Semana de la Conferencia Este, con 27 puntos de media. El Air Canada Centre fue testigo mudo de su primer *buzzer beater* al anotar un triple sobre la bocina y por encima de José Manuel Calderón para ganar por tres puntos.

Lin se convirtió en el primer jugador en anotar por lo menos 20 puntos y repartir 7 asistencias en sus cinco primeras apariciones en el quinteto titular. David Stern vio un filón en el asiático. Un jugador que levantaba pasiones allí por donde iba y que acercaba a la gran comunidad asiática a la NBA, y por ello buscó la forma de que Lin jugara el All Star.

Lo hizo en el partido de novatos en 2012 tras liderar a los Knicks a un magnífico balance de 9-3 en sus doce primeros partidos como titular. 22,7 puntos y 8,7 asistencias eran los números de Lin desde su explosión como jugador de Nueva York.

Caería lesionado al final de temporada y se perdería los play-offs antes de una agencia libre que le llevó, ahora sí, a los Rockets. Después, Lakers, Hornets, Nets y Raptors, donde ganó un anillo jugando sus primeras finales aunque con un rol marginal. En verano de 2019 pidió, llorando, una nueva oportunidad en la agencia libre.

64 / 100

SPLASH

«Tengo el mejor *backcourt* de la NBA» dijo Marc Jackson, en 2011, en unas declaraciones que pasaron algo desapercibidas pero en las que había mucha razón. Antes de comenzar el Modo Dinastía, los Golden State Warriors eran poco más o menos el equipo de todos. De todos porque jugaba a lo mismo que los Suns de diez años antes. Corrían, tiraban y volvían a correr. Y a tirar.

Se cargaron a los Denver Nuggets en una primera eliminatoria memorable de los play-offs de 2012 con un Stephen Curry sublime en el cuarto partido. Antes de la primera muestra de *picorcito* de Curry, los Warriors ganaban por 62 a 63 a los Nuggets quedando 6 minutos del tercer parcial. Al final del mismo, y tras otro triple de Steph, los californianos ganaban por 72 a 91. El parcial del cuarto fue de 28-35 para los locales; el de los últimos siete minutos, un apabullante 12-27 con 22 puntos del base de Akron. Curry tiró 10 de los 13 tiros del equipo en ese tiempo, anotó 8 siendo 5 de ellos —de 7 intentos— de tres. Los Warriors acabarían barriendo en la serie a Denver y demostraron que, jugando tan alegre, se podía ganar. Ginobili sobre la bocina les quitó la victoria en el primer partido de las semifinales del Oeste.

Antes de la temporada 2019-20, Stephen Curry había sido dos veces MVP, 6 veces All Star, máximo anotador de la temporada 2015-16 y, además, el MVP que más mejoraba sus estadísticas la temporada posterior a ser nombrado mejor jugador. Y había ganado tres anillos. También había ganado un concurso de triples, otro de habilidades y se había convertido en el primer jugador de toda la historia de la NBA en anotar 400 triples en una temporada. Y todo con un mote que le va a las mil maravillas: *Baby-faced Assassin*, el asesino con cara de niño.

Su *splash brother* responde al nombre de Klay Thompson. Es hijo de Mychal Thompson, dos veces ganador de la NBA con Los Angeles Lakers y fue drafteado —*pick* 11— dos años después de Steph. En verano de 2019, era tres veces campeón de la NBA con los Golden State Warriors, había ganado el siguiente concurso de triples al que ganó Stephen Curry y tenía el récord de anotación en un cuarto y el de más triples, 14, anotados en un partido. Masacró a los Kings en enero de 2015 con 37 puntos. Los Warriors ganaron 101-126 aquel choque, pero llegaron a los últimos 9' del tercer acto con el marcador empatado a 58. Porque ni siquiera necesitó los 12' para hacer 37 puntos, le bastaron algo menos de 10. Metió 37 de los 39 puntos del equipo de Kerr con solo 13 tiros de campo. Anotó los 13 con un increíble 9/9 en triples.

Ese mismo año, aunque en la siguiente temporada, en diciembre, anotó 39 puntos en solo medio partido en Indiana y también ante los Pacers anotó 60 puntos en diciembre de 2016. En aquella exhibición solo necesitó 29 minutos y tres segundos para completar su *career high*. Clavó 8/14 en triples y 21 de los 33 tiros de campo que intentó.

Los Warriors se fueron hasta los 142 puntos y comparte con el cuarto de 37 puntos que, al término de aquella temporada, la franquicia se llevó los dos anillos de la era moderna: 2015 y 2017.

El origen del mote de *Splash Brothers* se remonta a la cuenta de Twitter de los Warriors en 2012, cuando, yendo al descanso con siete triples entre los dos, Brian Witt escribió el *hashtag* #SplashBrothers. Antes hubo unos *Bash Brother* en la Bahía: José Canseco y McGwire, de los Athletics de béisbol.

65 / 100

ICE

La Universidad de Arizona dormía, como Steve Kerr cuando el teléfono despertó al estudiante, nacido en Beirut, para darle una terrible noticia. Fue un amigo de la familia el que, a las 3 de la mañana de un día lectivo, le despertó. Su padre, presidente de la Universidad Americana de Beirut, había sido asesinado por dos hombres que le siguieron primero y le dispararon después.

Días después, Kerr tuvo que sobreponerse al minuto de silencio que el pabellón rindió a su padre, un hombre que amaba Oriente Medio y que vivió allí en dos etapas de su vida, antes y después de dar clase en UCLA.

Su hijo, Steve, tuvo una prueba con la Universidad Gonzaga que destruyó un Hall of Fame como John Stockton pero acabó jugando en Arizona, donde estuvo cinco años y donde jugó, por lesión, solo cuatro temporadas. De allí pasó a un draft donde los Suns le elegirían en el puesto número 50. Era 1988.

Steve Kerr explicó en no pocas ocasiones que creía imposible que algo así le sucediera a su familia, ya que su padre era un hombre querido y respetado por personas de todas las religiones en el Líbano. El asesinato del Dr. Kerr hizo que el presidente Reagan emitiera un comunicado condenando el deleznable acto: «No dejaremos que el terrorismo marque nuestras vidas, acciones o futuro, o las de nuestros amigos.»

Kerr no viajó a Beirut pero sí jugó el partido siguiente con su Universidad. Era un Arizona contra Arizona State y Kerr completó su mejor partido del año con 12 puntos: «Le pusieron un mote que creo que le va bien. *Hielo*. Porque eso era lo que [Steve] era», recuerda su entrenador, Brock Brunkhorst.

Años después, y en el mismo partido, Kerr tuvo que sufrir cánticos despectivos o recordatorios innecesarios del asesinato de su padre y acabó el partido clavando seis triples en la segunda mitad: «Estaba jodidamente enfadado pero así es Steve, va a la pista y gana», dijo Brunkhorst.

Esto llegó después de la grave lesión que cinceló el Kerr 2.0. Mucho más maduro que el primero, Kerr pasó de jugador de rotación, el rol que le asignaron al llegar, a jugador importante de un equipo que pasó del bajo fondo Division I a la Final Four.

Después del draft y los Suns, Steve Kerr tuvo una carrera espléndida como jugador importante en franquicias ganadoras. Antes de ponerse al frente de los Golden State Warriors de Stephen Curry y Klay Thompson, Kerr ganó cinco anillos, tres con los Chicago Bulls de Michael Jordan y dos con los San Antonio Spurs de Tim Duncan. Se retiró con un 45% de acierto en triples en su carrera, un porcentaje que le acredita como un consumado tirador.

Y para el recuerdo, el *game 6* de las finales de 1997 con el tiro ganador a pase de Michael Jordan: «Simplemente me dijo que tenía que estar preparado y es lo que hice.»

«Pedimos un tiempo muerto a 25 segundos del final y Phil [Jackson] le dijo a Michael [Jordan] que quería que tirara el último tiro, pero él le dijo que no se encontraba cómodo en ese tipo de situaciones», explicó Kerr entre risas en la celebración de ese título con Chicago.

«Fue el mejor momento de mi carrera», ha dicho siempre Kerr.

66 / 100

UNICORN

Nadie piensa en el *pick* 15 del draft como el factor diferencial de un equipo, como la primera piedra de un proyecto ganador. Tampoco para un joven que no mucho tiempo atrás vendía camisetas y gafas de sol en la Acrópolis de Grecia. Un hombre capaz de cruzar la pista de baloncesto en nueve zancadas, con una envergadura de 2,24 metros y un apellido impronunciable. "Parece que hace pasos pero no, el problema es que nunca antes hemos visto algo parecido", dijo de él Scott Brooks, mentor de los jóvenes Durant, Harden y Westbrook.

La historia del segundo hijo de la familia Antetokounmpo empieza en marzo de 2013. John Hammond era consciente de que los Bucks no interesaban a nadie y de que sería difícil recuperar la grandeza de otras épocas firmando agentes libres. Lo iban a hacer vía draft.

Antes que ellos, el Zaragoza había hecho su trabajo y tenía firmado a un 2,11 griego capaz de pasar como un base, moverse como un pívot y correr como un alero, un unicornio de verdad. Hammond viajó a Grecia a ver un partido de segunda división en el que jugaba el Filathlitikos BC. Allí había un jugador especial, diferente. Hijo de un futbolista y de una saltadora de altura, Giannis Antetokounmpo vendía en la calle durante el día pero jugaba a baloncesto en sus ratos libres. Y lo hacía muy bien.

Tenía 18 años y competía con gente que le doblaba en edad y que llegaba a jugar después de una jornada laboral larga. Promedió 9 puntos, 5 rebotes y casi dos asistencias. El Zaragoza había pagado 200.000 euros por él, pero los Bucks les dieron 1 millón por dejar ir al jugador que hizo que Danny Ainge y Sam Presti se metieran en un avión para ver la segunda división del básquet heleno en directo.

No fue un secreto que los Bucks encontraron y nadie más vio, pero sí era un riesgo, ya que no fue invitado al Nike Hoop Summit con los mejores jóvenes del mundo.

Lo lógico podría haber sido jugar un año en Zaragoza, pero los Milwaukee Bucks no tenían nada que perder. El día después del draft, Giannis deambulaba en silencio por un hotel de Milwaukee y se encontró con el propietario de los Bucks, Herb Kohl, cuya asistenta hablaba griego fluido. "Se le iluminó la cara al escucharle hablar", dicen.

OJ Mayo le prestó muebles para su casa y Caron Butler y Zaza Pachulia le ayudaron a elegir ropa para los viajes mientras asistentes y auxiliares de los Milwaukee Bucks le explicaban qué música podía decir que escuchaba y cuál no. Su año *sophomore* llegaron Jabari Parker y Jason Kidd, dos buenas noticias.

El primer encontronazo con Coach Kidd fue a causa de los triples. El técnico se encontró a un *sophomore* que había promediado 6 puntos en su año *rookie* y que quería tirar de tres. Cuando Kidd le sentó por primera vez, explotó hasta el punto de mirar en un teléfono a ver quién era ese tío que le prohibía tirar triples. Uno de los mejores bases de la historia.

Kidd ideó el proyecto pero su asistente Sean Sweeney fue el brazo ejecutor. Analizó al detalle el *pick & roll* de Antetokounmpo en entrenamientos que llegaban hasta la medianoche e incluían sesiones de vídeo con Magic Johnson, Kiki Vandeweghe y Shawn Kemp de actores principales.

Con solo 23 años disputó su primer All Star Game y lo hizo porque la gente le quiere, pero también porque prensa y jugadores han empezado a valorarle y ese mismo año (2016-17) lideró a los Milwaukee Bucks en puntos, rebotes, asistencias, tapones y robos en la temporada.

En junio de 2019, Giannis Antetokounmpo se llevó el MVP de la NBA después de liderar a Milwaukee a un balance de 60 victorias y 22 derrotas. Fue capitán del All Star Game, disputó sus primeras finales de Conferencia y cayó ante los campeones. Con el galardón de mejor jugador, se convirtió en el segundo europeo en ganarlo en la historia de la liga junto a Dirk Nowitzki, que lo hizo en 2006.

67 / 100

WHAT IF...

Que acertar en un draft no es sencillo es algo que todos tenemos claro en el mundillo de la NBA, que las prisas son malas consejeras también y que Brooklyn Nets ha sido el paradigma de todo lo que no se debe hacer para competir en la mejor liga de baloncesto... también.

Desde que comenzara el ambicioso proyecto de Mikhail Prokhorov, por los Nets han pasado nombres ilustres como Deron Williams, Joe Johnson, Kevin Garnett o Paul Pierce. Otrora estrellas pero que con los colores de los Nets —los viejos y los nuevos para Deron— no han terminado de dar el do de pecho y han tenido a los Nets con una de las masas salariales más altas de la liga pero lejos de ser candidatos a nada.

Un cuarto puesto del Este es el máximo logro de una franquicia que ha estado varios años con su Big Three —Deron, JJ y Brook Lopez— en el *top* de mejor pagados de la NBA y que acabó amnistiando a Deron y Joe Johnson porque no ha habido manera de que nadie diera nada a cambio en un *trade*.

El problema añadido es lo que Brooklyn podía haber sido de quedarse las rondas del draft que regaló y lo que ha acabado siendo.

Deron fue el primero en llegar. De Utah y como uno de los mejores bases de la NBA. ¿A cambio? Los Nets mandaron a Utah a Devin Harris y Derrick Favors, además de dos rondas del draft que acabaron siendo Enes Kanter —como número 3— y Gorgui Dieng.

Después aterrizó Crash Wallace, un actor secundario que los Nets pagaron a precio de oro. A precio de mandar a Shawne Williams, Mehmet Okur y una primera ronda del draft a Portland. Ese *pick* fue

Damian Lillard. Wallace acabaría siendo traspasado tras promediar solo 7 puntos por partido, y llegó a convertirse en uno de los jugadores más caros de la NBA en salario por punto anotado en su etapa en Boston.

Con Deron Williams y Brook Lopez como jugadores importantes, los Nets necesitaban un exterior anotador y picaron con JJ. Los Hawks le habían firmado un contrato difícil de explicar y los Nets se lo llevaron para pagarle más de 80 millones por cuatro años. La moneda de cambio fueron los *expiring* de Anthony Morrow, Jordan Farmar y Johan Petro, una primera ronda de 2013 y dos segundas. Uno de los *picks* —Shane Larkin— acabaría siendo el base de los propios Nets.

Cayeron en primera ronda del play-off en una memorable serie (4-3) contra los Chicago Bulls de Joakim Noah, Nate Robinson y Marco Belinelli y Prokhorov tiró la casa por la ventana.

Fue a por Paul Pierce y lo consiguió, pero en el mismo *trade*, por cabezonería, acabaría incluyendo a Jason Terry y Kevin Garnett. ¿A cambio? Los Celtics, en plena reconstrucción, consiguieron a MarShon Brooks y Gerald Wallace, además de la primera ronda de 2014 —James Young— y las primeras elecciones de 2016 y 2017, que acabaron siendo el tercer *pick* de Jaylen Brown y un primer *pick* de 2017 que cambiaron a Filadelfia para elegir a Tatum.

68 / 100

SPARTAN

Es uno de los personajes más queridos y odiados de la NBA, una personalidad que no deja indiferente a nadie. Los seguidores de los Golden State Warriors aman a Draymond Green por encima de todas las cosas por unas habilidades fuera de toda duda y los rivales le odian por su teatro, sus gestos... y sus patadas.

Es el factor diferencial de la franquicia, para Anderson Varejao el líder tanto dentro como fuera de la pista, y es que Draymond es un cinco capaz de defender a los interiores a pesar de su altura y también capaz de hacer lo propio con aleros, además de correr como un escolta y mover el balón como un base. Es lo que hace de Draymond Green un jugador diferencial.

Nacido en 1990 en Saginaw (Míchigan), Draymond Green promedió dobles dígitos en anotación y rebote ya en su primer año en el High School de su ciudad natal. Se iría hasta los 25 puntos y 13 rebotes en su segundo año y 20 puntos y 13 rebotes más dos tapones en el tercero, el primero antes de ser un *espartano*. En su último año llevó a Saginaw a un 27-1 y fue 13.º en el *ranking* de mejores ala pívots de los Estados Unidos.

Su primer año en los Spartans de Míchigan acabó en la final del March Madness, en la que la Universidad de Carolina del Norte se impuso a los Spartans con Draymond Green como suplente. Jugó 12 minutos, sumó 7 puntos y cayeron 89-72 ante Ty Lawson, Wayne Ellington, Tyler Hansbrough y Danny Green.

Sus años en los Spartans fueron desde los 3,3 puntos y 3,3 rebotes hasta los 16 puntos y 10 rebotes en el cuarto y último año, unos números muy buenos. Se convirtió en el tercer jugador tras Oscar

Robertson y Magic Johnson en lograr más de un triple-doble en la NCAA al lograrlo en la temporada 2011-12 incluyendo uno en un partido del Madness.

Sin embargo, el draft de 2012 fue un duro trago para él. Draymond Green cayó hasta la segunda ronda y fueron los Warriors los que apostaron por un interior demasiado bajo para la NBA y un exterior con no tan buen tiro. Que Anthony Davis iba a ser el número uno se veía venir, pero después llegaron nombres para todos los gustos. La web especializada en el draft NBADraft.net comparaba a Draymond Green con Luke Harangody o Jared Dudley.

Lo curioso de la historia, más allá de que Draymond Green es, quizás, el mayor robo del draft de los últimos años, es que el pívot de los Golden State Warriors recita de memoria los nombres de los 34 jugadores que fueron elegidos antes que él.

«Primero fue Anthony Davis a Nueva Orleans», empieza. «Después Charlotte eligió a Kidd Gilchrist y Washington a Bradley Beal. Cuarto fue Cleveland: Dion Waiters. Octavo Toronto, a Terrence Ross; decimosexto Houston, a Royce White...» y así hasta Jae Crowder, elegido en el puesto 34 por los Cavaliers y que acabó en los Dallas Mavericks.

Draymond Green lo recuerda como manera de automotivarse, y es que los propios Golden State Warriors eligieron a Barnes (7) y Ezeli (30) antes que a él: «Entiendo que estaba en tierra de nadie. Era demasiado bajo para ser interior y poco hábil para jugar fuera, pero eso no es así», recuerda.

¿Nombres elegidos antes que él? Hay de todo, claro. Desde estrellas de la NBA como Anthony Davis (1), Damian Lillard (6) o Andre Drummond (9) hasta jugadores que no están en la NBA como Jeffery Taylor —jugador del Real Madrid—, Perry Jones III o Royce White. También está el malogrado Fab Melo, número 22.

69 / 100

IT'S ONLY BUSINESS

Que en la NBA uno no elige el destino lo tenemos claro desde que Pau Gasol aterrizara en Memphis después de ser elegido por los Atlanta Hawks. En los quince años posteriores a que Gasol aterrizara en Tennessee, el propio Pau fichó por los Houston Rockets sin llegar a debutar con el equipo tejano. José Manuel Calderón formó parte de los Memphis Grizzlies después de salir de Toronto y antes de llegar a Detroit, y también fue jugador de Chicago después de Nueva York y antes de los Lakers y de los Warriors, menos de una hora, antes de acabar en los Atlanta Hawks. Rudy Fernández fichó por los Dallas Mavericks en una noche del draft y no llegó a debutar, ya que fue traspasado a Denver y Marc Gasol fue elegido por los Lakers pero siempre ha jugado en Memphis.

Cuando un jugador de la NBA es traspasado, no puede decir nada. Solo unos pocos jugadores tienen derecho a vetar su traspaso, por lo que cuando uno sale siempre suena la misma frase: «It's only business.»

Ese negocio fue más patente que nunca en los veranos de dos jugadores en los últimos años: Alonzo Gee y Luke Ridnour.

Gee fichó como agente libre con los Cleveland Cavaliers el 28 de diciembre de 2010 y salió de Ohio el 27 de junio de 2014 traspasado a los Charlotte Bobcats por Brendan Haywood. Dos semanas después salió de los Houston Rockets, adonde llegó desde Carolina del Norte. En septiembre, los Rockets le traspasaron a Sacramento, equipo que le cortó solo ocho días después, todavía de pretemporada. El 30 de septiembre fichó por los Denver Nuggets, donde no acabó la temporada, ya que se fue a Portland en febrero.

En el caso de Ridnour, su travesía por la NBA sucedió el siguiente verano a la odisea de Alonzo Gee y acabó con su retirada después de decepcionar en los Orlando Magic.

Muchos conocerán a Ridnour porque entre 2010 y 2014 fue jugador de los Minnesota Timberwolves, o, lo que es lo mismo, compañero de Ricky Rubio. Otros conocerán la expresión *hacerse un Ridnour* en relación a un tiro libre del base en Minnesota con Rick Adelman de artista invitado.

El 26 de julio de 2014, Luke Ridnour firmó como agente libre por los Orlando Magic, lo que, aparentemente, fue un gran movimiento por parte de la franquicia de Florida. Un decepcionante año después, el 24 de junio de 2015, los Memphis Grizzlies fichaban a Ridnour a cambio de los derechos del letón Janis Timma y una segunda ronda del draft.

Un día más tarde, Memphis le enviaba a los Charlotte Hornets, donde había estado antes de los Orlando Magic. Era el quinto equipo para Ridnour en año y tres meses, pero todavía quedaba más. Nada más llegar a Charlotte, franquicia que no le había renovado un año antes, Ridnour salía de Carolina del Norte —ya Hornets— hacia los Oklahoma City Thunder a cambio de Jeremy Lamb.

Duró mucho más de lo esperado en Oklahoma, cinco días. El 30 de junio de 2015 fue enviado, con dinero, a los Toronto Raptors por Tomislav Zubcic, lo que generaba una *trade exception* para OKC. No le dio tiempo a ser presentado como jugador de los Toronto Raptors, ya que el 9 de julio fue cortado por la franquicia canadiense.

Ese mismo verano, Luke Ridnour anunciaba su retirada con solo 34 años.

70 / 100

COMEBACKS

Hasta el año 2014, remontar un 3-1 en una serie de play-offs era una de las mayores quimeras en la NBA. Pero, de repente, un 3-1 te deja ese poso de ¿y si...? Primero fueron los Houston Rockets los que le remontaron un 3-1 a los Clippers en un quinto partido que tenían casi perdido y un año después llegaron los Cavaliers a hacerlo en las finales para llevarse el primer anillo en la historia de la franquicia y también el primero para Ohio en medio siglo. En la 2016-17, los Heat tuvieron otra remontada histórica al acabar con un balance de 41-41 una temporada que empezó con 11-30 en la primera mitad. Se quedaron fuera de los play-offs por el desempate ante los Chicago Bulls y a un solo partido de los Indiana Pacers, séptimos, a quienes sí ganaron el *average*.

Antes de la machada de los Houston Rockets había que retroceder casi una década hasta 2006, cuando los Phoenix Suns remontaron un 3-1 a Los Angeles Lakers, los de Kobe. El de Filadelfia puso el 3-1 sobre la bocina del cuarto antes de que caer por 17 en el quinto, por ocho en la prórroga del sexto y por 31 en el séptimo.

La era moderna se estrenó en 2015 con las semifinales del Oeste entre Houston Rockets (2.º) y LA Clippers (3.º). Los angelinos ganaron el primero en Texas por 16 y tercero y cuarto en LA por 25 y 33. Houston forzó el sexto en casa y, ahí, la debacle. Los Clippers ganaban de 13 al término del tercer cuarto y perdieron 40-15 el último. En casa. Ante los Rockets. Sin Harden. Del 88-100 a falta de ocho minutos se pasó al 119-107. Lo dicho, sin Harden. El séptimo se lo llevaron los Rockets por 13.

Un año después, la madre de todas las remontadas. Los Golden State Warriors llegaron a las finales después de levantar un 3-1 a los

Thunder con un sexto partido memorable de Klay Thompson. Ya en las finales, se pusieron con idéntico marcador tras ganar el cuarto choque en The Land por 108 a 97. Entonces la NBA sancionó a Draymond Green por un incidente con LeBron James y los Cavaliers le dieron la vuelta. 41 puntos de James y otros tantos de Kyrie forzaron el sexto en casa. Repitió King James con otros 41 para ganar por 14 y en el séptimo apareció Kyrie Irving para clavar un triple en los últimos instantes. Justo después llegaron los peores minutos de las finales, los últimos cinco. Se juntaron pérdidas, malos tiros y malabarismos innecesarios que acabaron con los Cleveland como campeones por primera vez. Lo lograron tras levantar un 3-1 al equipo de las 73 victorias, es decir, al mejor equipo de la historia de la Regular Season.

En menor medida, los Boston Celtics de 2017 también se cuelan en el capítulo. Boston llegaba a la postemporada con el mejor balance de la temporada en el Este y le tocaron los Bulls, octavos. Con Isaiah Thomas más fuera que dentro tras el fallecimiento de su hermana, Chicago se llevó los dos partidos del Garden, a lo que los Celtics respondieron ganando tres partidos en Chicago y uno más, el quinto, en Boston.

71 / 100

JIMMY

Jimmy Butler es el ejemplo perfecto del cuento de hadas en la NBA. Un *selfmade man*, un hombre hecho a sí mismo que a base del duro trabajo, las horas de gimnasio y de entrenamiento pasó de ser la elección número 30 en el draft a la estrella absoluta de unas de las franquicias más importantes de la era moderna en la NBA. Pero su historia está lejos de ser un cuento de hadas.

«No me gusta tu aspecto, te tienes que ir», fue lo último que Jimmy Butler escuchó decir a su madre biológica. No tenía familia, no tenía techo.

Pasó tres años durmiendo en casas de compañeros y comiendo lo que encontraba en cualquier lado siempre que fuera gratis y, de repente, el baloncesto le cambió la vida. Conoció a Jordan Leslie, un joven de Tomball que tuvo la brillante idea de retarle a un concurso de triples después de haberle visto jugar. Poco después, Butler era un miembro más de la familia de Leslie y, unos años después, una promesa en la Universidad de Marquette.

Leslie le llevó a su casa, donde vivía con sus padres y seis hermanos en un hogar donde no sobraba el dinero y a donde habían llegado rumores de que Butler era problemático. Llegó a la casa para jugar con Jordan a la videoconsola y también para dormir aquella noche porque no tenía donde hacerlo. Se acabó quedando: «Cada vez que decía que se tenía que ir, uno de mis hijos venía y me decía que ahora era su tiempo de ser quien invitaba a Jimmy, así que se quedó», dijo Michelle Lambert, la madre de Jordan Leslie.

«Meses después fui y le dije que no había ninguna condición para quedarse, que era uno más. Solo le dije que tenía que estudiar y evitar meterse en líos. Lo hizo. Cada cosa que le pedía era el primero en hacerlo y lo hacía bien», recuerda.

Integrado en la familia, comenzó a jugar a baloncesto en el Tomball High School, donde lideró a los Cougars con 19,9 puntos y 8,7 rebotes. No tuvo ofertas de institutos importantes y acabó en el Tyler Junior College, donde, por primera vez, su baloncesto dejó de pasar desapercibido. «Hubo un par de partidos de 30 o 40 puntos», dijo Butler, que al final de temporada recibió las llamadas de Marquette, Kentucky, Mississippi State o Iowa State.

Eligió Marquette siguiendo el consejo de «su madre», que le dijo que el baloncesto podía «no funcionar» pero que la educación que recibiría sería muy buena. Allí llegó y al verse suplente por primera vez en mucho tiempo comenzó a hundirse. Pidió a «su madre» que le dejara volver a casa pero ella se negó.

«Nunca he sido tan duro con otros como lo fui con Jimmy. No sabía lo bueno que podía llegar a ser», recuerda el técnico de Marquette. Promedió 5 puntos desde el banquillo teniendo a Wesley Matthews y Lazar Hayward por delante y aprovechó la oportunidad cuando los dos se habían ido: «Tuve suerte porque mis tutores fueron los mejores.» Acabó con 16 puntos en su último año en Marquette, la temporada 2010-11, en la que demostró que además de anotar podía rebotear, asistir y correr.

Al llegar a la NBA dio una entrevista a la ESPN para explicar su caso: «Sé que vas a escribir mi historia, pero cuéntalo de manera que la gente no sienta pena por mí. Odio eso», dijo.

72 / 100

NUEVA YORK

El baloncesto español tuvo su primer día en la NBA con Fernando Martín, pero no fue hasta que llegara Pau Gasol en 2001 cuando, de verdad, se empezó a disfrutar de la experiencia de un español de la liga.

El apellido Gasol pasará a la historia del baloncesto porque Pau fue número 3 del draft —el mejor español hasta la fecha—, además de ser el primer —y por ahora, único— Rookie of the Year (mejor novato). También fue el primer español en jugar un All Star y el primero en ganar la NBA. Dos veces. Pero claro, el apellido abarca más, está Marc.

A pesar de estar a la sombra de su hermano mediáticamente, Marc fue All Star en 2012 en Orlando. Repetiría suerte en 2015, en Nueva York.

Su segundo All Star coincidió con el quinto de Pau Gasol, el primero desde que saliera de los Lakers, el primero como jugador de los Bulls —Este—, mientras Marc representaba al Oeste.

Los astros se alinearon en forma de lesiones para que ambos fueran los protagonistas del salto inicial del All Star Game de Nueva York en 2015. En el equipo del Oeste, Kobe Bryant se perdió su 17.º partido de las estrellas por haberse roto el manguito rotador de su brazo derecho. Blake Griffin se perdió la cita del Madison por una infección en el codo y Anthony Davis también causó baja, lo que limpió el escenario para que Marc, el *center* titular, fuera el que protagonizara el salto.

Ocurrió el 15 de febrero de 2015 —día 16 en España— y el salto se lo llevó —por reflejos— Pau Gasol. aunque el partido lo ganó el equipo de Marc por 163 a 158. El Madison Square Garden, la meca del baloncesto mundial, fue el escenario para que los dos españoles hicieran historia. Nunca antes dos hermanos habían hecho el salto inicial del All Star y lo hicieron por votación de los entrenadores.

Pau Gasol llegaba en su primera temporada con los Chicago Bulls tras firmar dos temporadas con la franquicia de la Ciudad del Viento. Aterrizó en el All Star Game con 18 puntos y 11,8 rebotes de media, el mejor dato en capturas de toda su carrera con 34 años. Y también promediando un 46% de acierto desde el triple en 51 partidos. Marc, por su parte, llegó con dos partidos más, 53.

Como capitán general de los Memphis Grizzlies, el 33 llegó a Nueva York con 18,3 puntos y 8,1 rebotes, además de 3,7 asistencias y 1,7 tapones.

En el partido de las estrellas, Pau acabó con 10 puntos y 12 rebotes en 26 minutos y Marc, con 6 puntos, 10 rebotes y la victoria en algo menos de 25 minutos.

73 / 100

73-9: EL RÉCORD

Los Golden State Warriors comenzaron la temporada 2015-16 recibiendo los anillos como campeones de la NBA de la temporada precedente. Mientras enviaban el *banner* de campeón del mundo a lo más alto del Oracle Arena, daban inicio a una temporada aún más histórica.

El inicio de temporada, eso sí, no pudo ser redondo, ya que los Warriors no podían contar con Steve Kerr por sus problemas de espalda. Empezaría Luke Walton como entrenador la temporada y no fue hasta diciembre cuando colocaron el 1 en el casillero de las derrotas. Walton llevó las riendas del equipo en 43 partidos, de los que ganó, hasta el 20 de enero, 39.

La ceremonia del anillo tenía como invitados a los New Orleans Pelicans de Alvin Gentry, entrenador asistente de los Warriors la temporada anterior. Los Pelicans, todavía con Monty Williams, fueron el rival de la primera eliminatoria al título de los play-offs de 2015 en la que los Warriors ganaron 4-0 a pesar de un monstruoso Anthony Davis. Aquella noche, los Warriors no encontraron oposición a pesar de anotar solo 37 puntos entre los cuartos dos (20) y cuatro (17). Ganaron por 16 puntos a los Pelicans con 40 de Stephen Curry, 13 de Ezeli y 12 de Andrew Bogut. Barnes, Green y Klay Thompson se combinaron para un 9 de 32. El 2-0 llegó con un +20 en Houston, el 3-0 con un +14 en New Orleans y un +50 en Memphis y un +4 a los Clippers en un final trepidante completaron el 5-0.

Denver, Sacramento, Detroit, Memphis, Minnesota, Brooklyn, Toronto, Clippers, Chicago y Denver de nuevo igualaron el mejor inicio de la historia, el 15-0 que compartían Washington Capitols y Houston Rockets. Los Warriors ganaron nueve partidos más hasta un 24-0 después de remontar un partido imposible con dos prórrogas y sin Klay Thompson ni Harrison Barnes en Boston. 24 horas después y un Bradley Center plagado de camisetas con un 24-1, los Milwaukee Bucks acabaron con el mejor inicio de la historia de la NBA como años atrás habían acabado con las 33 seguidas de los míticos Lakers.

Era el 12 de diciembre y los Bucks se impusieron a unos Warriors en *back-to-back* con 28 puntos de Greg Monroe, 19 de Jabari Parker y 18 de OJ Mayo. Victorias ante Phoenix, Milwaukee, Utah, Cleveland —el día de Navidad— y Sacramento precedieron al segundo tropiezo, en Dallas y con las bajas de Curry y Barnes. Barea anotó 23 puntos.

El nuevo año no comenzó mal, pero los Warriors perdieron dos choques el 13 y el 16 de enero en Denver y en Detroit, aunque ganaron a los Lakers en medio, lo que evitó perder dos seguidos, algo que no harían en toda la temporada.

Un mes después, y ya con el All Star celebrado (48-4), los Warriors comenzaron la segunda mitad de la temporada con un 50% de probabilidades de superar el 72-10 de los Chicago Bulls de Michael Jordan. Perdieron de 32 en Portland en su peor partido del año y ganaron siete partidos antes de la siguiente derrota, los Lakers. Otras siete victorias después, cayeron en casa ante los Kings y sellaron el récord ganando dos veces en San Antonio y otras dos en Memphis en la última semana de competición. Pusieron en duda el 73-9, cayendo en casa ante Boston y Minnesota, pero lograron la 72.ª victoria ante los Spurs y consiguieron eclipsar, al menos un poco, la retirada de Kobe Bryant ganando en Memphis y logrando el mejor récord de la historia, el 73-9. Además, Curry se llevó el MVP con 30 puntos y fue el máximo anotador de la temporada.

Los Warriors acabaron la temporada, además, como el primer equipo capaz de anotar más de mil triples en una temporada, yéndose hasta los 1.077 —402 de ellos fueron de Steph. Steve Kerr también hizo historia al ser el primer técnico en ganar más de 60 partidos en sus dos primeras temporadas. Ganaron 54 partidos de forma consecutiva en casa, 50 de los primeros 55 partidos y 34 a domicilio, récord histórico.

También acabaron la temporada sin perder dos partidos de forma consecutiva, el primer equipo en lograrlo.

74 / 100

THE BLOCK

Finales de la NBA 2016. *Game* 7. Golden State Warriors y Cleveland Cavaliers se disputan el anillo en el Oracle Arena después de que los de Ohio fuercen el séptimo ganando quinto y sexto contra pronóstico. En una primera parte en la que Draymond Green lo metía todo y bordeaba el triple-doble, LeBron James hacía lo propio. Golden State logró una ventaja de siete puntos al descanso (49-42) y un buen inicio de Klay Thompson le dio una renta de ocho a los californianos, pero JR Smith y Kyrie Irving empatan el partido a 54. Cleveland pasa de un 54-46 adverso a un 61-68 favorable tras un 14-2 de parcial con 10 puntos seguidos de Kyrie Irving. Quedan cuatro minutos del tercer cuarto y los Warriors firman un 15-7 para irse a los últimos doce minutos de la temporada con una mínima ventaja de 76-75.

El cuarto cuarto del *game* 7 no pasará a la historia por el marcador, los porcentajes o las decisiones acertadas en ataque de los equipos. Los Warriors hacen un 7-0 y LeBron responde con tres tiros libres tras una falta de Ezeli y un triple que da una mínima ventaja a los de Ohio en la búsqueda de su primer anillo. Se pide un tiempo muerto y en dos minutos no pasa nada, el marcador sigue igual. Se pide otro, quedan dos minutos y el marcador refleja un apretado 89-89 y ningún ataque termina de anotar.

Cuando el *speaker* anuncia los dos últimos minutos de la temporada, Kyrie Irving aprovecha un bloqueo de Tristan Thompson para encarar el aro. Un movimiento hacia la izquierda, maneja, dominio y bombita… que no toca la esfera.

La toca Draymond, está Tristan por ahí y se la lleva Iguodala, que se da la vuelta y echa a correr. El 9 de los Warriors cruza el medio campo y, con solo JR Smith por delante, se la da Curry en el costado. El MVP se la devuelve con un bote e Iguodala la coge en el tiro libre con la mínima —aunque decisiva— oposición de JR Smith. Un paso, dos pasos, se levanta hacia el aro con un rectificado y... *boom*.

Aparece LeBron James, que estaba en el triple cuando Iguodala recibe el balón, para aplastar el balón contra el tablero y evitar la canasta. The Block formará parte ya de la mitología de la NBA igual que The Last Shot o The Flu Game de Jordan.

Casi un minuto después, y con el marcador todavía empatado a 89, Kyrie Irving coge el balón y encara a Klay Thompson. JR Smith le bloquea para conseguir un *missmatch* con Stephen Curry. Se queda emparejado con el base de los Warriors, se pasa el balón entre las piernas una vez, dos veces, tres veces, se dirige hacia su derecha, se levanta y *boom*.

Canasta. Triple. Anillo. Locura.

¿Para el recuerdo? The Block, el triple doble, el «Cleveland, this is for you»... y las lágrimas de LeBron James.

75 / 100

KARLITO

Nació en Metuchen (Nueva Jersey) pero es de origen dominicano, lo que le convierte en el primer jugador latino en ser elegido en la primera posición del draft. Tiene un amigo imaginario y un don para jugar al baloncesto, es Karl-Anthony Towns, el próximo dominador.

Su amigo imaginario se llama Karlito y acompañó al propio pívot de los Minnesota Timberwolves en la noche del draft o en su carrera universitaria en Kentucky: «Parecía que estaba hablando solo pero resulta que lo estaba haciendo con Karlito, su amigo invisible», reconoció John Calipari, técnico de Towns en UK.

«La mayoría de veces me dice que continúe tirando o trabajando duro si hago un par de errores. Es como el abogado del diablo de lo que estoy haciendo», reconoció Towns en una entrevista previa a su debut en la NBA. Para entonces, Karlito tenía su propia cuenta de Twitter e Instagram y contaba con un buen número de artículos de *merchandising*.

El mayor, Karl-Anthony Towns, nació en Nueva Jersey, hijo de un afroamericano y de una latina, lo que explica sus raíces y sus convocatorias con la selección de la República Dominicana desde cadetes. Jugó en el Lake Nelson Seventh-Day Adventist School y en el Theodore Schor antes del instituto, donde lideró al St. Joseph High School en el título estatal de 2012. Fue entonces cuando la ESPN le situó entre los 25 mejores jugadores del *high school* americano. También ganaría el título nacional en 2013 y 2014 y sus actuaciones fueron tan sonadas —logró un cuádruple doble con 20 puntos, 14 rebotes, 12 tapones y 10 asistencias en un partido de 2013— que debutaría con la República Dominicana con solo 16 años. Allí le entrenaría John Calipari, que, lógicamente, quedó prendado de él y ambos estarían juntos el año de KAT en los Wildcats de Kentucky. En el instituto, Towns acabó con una nota de 3,96 sobre 4,5 y con el título de mejor jugador nacional del año 2014.

En Kentucky, Towns comenzó a estudiar kinesiología, una parte de la medicina que estudia la actividad de los músculos, algo a lo que se quería dedicar al dejar el baloncesto. A pesar de estar en la NBA, KAT sigue apuntándose a cursos en línea sobre el tema.

Como *wildcat*, Towns promedió 10,3 puntos y 6,7 en solo 21 minutos de juego, ya que el estilo de Calipari de repartir los minutos de juego no varía ni siquiera teniendo un talento como el suyo. Al terminar el año en Kentucky, se declaró elegible para el draft con no pocos compañeros. Andrew Harrison, Aaron Harrison, Dakari Johnson, Devin Booker, Trey Lyles y Willie Cauley Stein hicieron lo propio.

Él sería el número 1 con Cauley-Stein en el 6, Lyles en el 12 y Devin Booker en el 13. Casi nada para Kentucky.

Como miembro de los Minnesota Timberwolves, Towns enamoró desde el primer día por todo lo que había apuntado en su año en Kentucky. Se dijo muchas veces que Jahlil Okafor era mejor, pero la defensa de Towns le dio el #1 del draft y no sin razón. 14 puntos y 12 rebotes en una victoria emotiva en Los Ángeles fueron su carta de presentación en la NBA.

Ganó el Rookie of the Year de manera unánime gracias a sus 18 puntos y 10 rebotes y estuvo, lógicamente, en el quinteto de novatos del año. Cogió el testigo de su compañero Andrew Wiggins, por lo que los Wolves se convirtieron en la primera franquicia en ganar de manera consecutiva el ROY en el siglo XXI.

76 / 100

BEST TRIO

Antes de ellos, la historia contempló a Robert Parish, Larry Bird y Kevin McHale como el mejor trío jamás visto en la NBA en lo que a número de victorias se refería. Pero en noviembre de 2015, Tim Duncan, Manu Ginobili y Tony Parker sellaron su victoria número 542 de manera conjunta, una más que la del mítico trío de los Boston Celtics.

Curiosamente, todo empezó entre Boston y San Antonio. En 1997, el orgullo verde había firmado la peor temporada de su historia y esperaba el número 1 del draft como agua de mayo para reconstruir. Ese *pick* acabaría en San Antonio, que lo utilizó para elegir a un ala pívot de las Islas Vírgenes llamado Tim Duncan. El resto, historia ya conocida de la NBA.

También con Boston de por medio, los Spurs sellaron el récord de su trío al ganar el partido 542 en el TD Garden. Tampoco es habitual que el mejor trío de la historia de la NBA lo conformen un número 28 del draft (Tony Parker) y un robo aún más escandaloso, un 57 como Manu Ginobili. *Manudona* aterrizó en la NBA con una Euroliga bajo el brazo pero cayó hasta la penúltima elección de un draft de solo 29 franquicias.

Tim Duncan jugó cuatro años en Wake Forest antes de presentarse al draft. Fue dos veces campeón del ACC Tournament, dos veces jugador del año y tres veces jugador defensivo de la temporada. Acabó con un balance de 97 victorias y 31 derrotas en las cuatro temporadas y después fue número 1 del draft en 1997 para formar dúo con David Robinson, *El Almirante*.

La primera temporada del trío fue la 2002-03. Para entonces, Duncan ya había ganado su primer anillo, en su segunda temporada y con *El Almirante* como pareja interior. También fue la única temporada que compartió el Big Three de los Spurs con las Twin Towers, lo que significó el segundo anillo del siglo XXI y el primero de los tres magos de los Spurs.

Ganaron 62 partidos en Regular Season y se cargaron a Phoenix Suns, Los Angeles Lakers y Dallas Mavericks para colarse en las finales de la NBA ante los New Jersey Nets, donde Duncan volvió a demostrar que era uno de los mejores. En el sexto partido, anotó 21 puntos, capturó 20 rebotes y repartió 10 asistencias. Y se quedó a solo dos tapones del cuádruple doble. Casi nada.

Fue el primero de los cuatro anillos que ganarían como compañeros a lo largo de catorce temporadas compartiendo vestuario, de manera ininterrumpida, en los San Antonio Spurs y a las órdenes de Gregg Popovich, una de las mentes más brillantes de la historia de la liga.

Además de ser el trío con más victorias en la historia de la NBA, por delante de Larry Bird, Kevin McHale y Robert Parish (540) y Magic Johnson, Kareem Abdul-Jabbar y Michael Cooper (490), también son, lógicamente al haber ganado cuatro anillos juntos, el trío con más victorias en la historia del play-off.

Magic, Kareem y Michael Cooper son el segundo mejor trío en postemporada, con 110 victorias, y los dos primeros y Byron Scott, con 93, son el tercero mejor de la historia de los play-offs de la NBA.

77 / 100

SPANIARDS

La temporada 2016-17 no pasó a la historia por el rendimiento de alguno de los jugadores españoles en la NBA, pero sí por el número de representantes que España tuvo en la liga. Tras un verano movidito para José Manuel Calderón y Serge Ibaka, que cambiaron Nueva York por Los Ángeles y Oklahoma por Orlando, respectivamente, hasta cuatro caras «nuevas» aterrizaron en la liga. «Nuevas» porque una era una vieja conocida como la de Sergio Rodríguez, que, después de recuperar sensaciones y su mejor nivel en Europa, volvía a hacer las Américas firmando un contrato de un único año con los Philadelphia 76ers a razón de 8 millones de dólares.

En el draft, en el que Serge Ibaka salió traspasado de Oklahoma a Orlando Magic a cambio de Victor Oladipo y la elección de otro viejo conocido de la ACB como Domantas Sabonis, Juancho Hernangómez fue elegido por los Denver Nuggets en la decimoquinta posición. Un gran verano trabajando con diferentes franquicias hizo que el canterano de Estudiantes subiera como la espuma en el draft hasta quedarse a las puertas de ser elección de lotería.

El salto de Juancho vino de la mano del de su hermano Willy tras un año gris en el Real Madrid. Llegaba a los New York Knicks, donde se iba a convertir en el tercer español después de Sergio Rodríguez y José Manuel Calderón. El base extremeño también fue traspasado y, tras acabar la temporada en los Knicks, empezó la 2016-17 en Los Angeles Lakers después de un breve paso por los Chicago Bulls como moneda de cambio de Derrick Rose. Fue el segundo español en los Lakers tras Pau Gasol, pero no acabó la temporada en Hollywood.

Abrines también aterrizó en la NBA para vestir los colores de los Oklahoma City Thunder, donde ya no estaba Ibaka, que tampoco acabó la temporada en Orlando, ya que se fue a Toronto antes de cerrarse el mercado.

Marc Gasol seguía en el lado más complicado de la NBA, en la División Suroeste con los Memphis Grizzlies, y cerca aterrizó su hermano Pau, que pasó de su último año firmado con los Bulls para ser agente libre y firmar por los San Antonio Spurs. El mayor de los Gasol completó su leyenda firmando por la mejor franquicia de la era moderna después de haber jugado en los Lakers con Kobe Bryant y en el equipo de Michael Jordan.

En Chicago seguía Nikola Mirotic y en Minnesota, en boca de todos por los incesantes rumores, Ricky Rubio, que viviría una temporada dura en la que fue carne de traspaso hasta la última hora del mercado de febrero. Acabaría en Utah un año después, en la noche del draft de 2017.

En lo deportivo, Pau, Marc, Mirotic, Ibaka, Calderón y Abrines jugaron play-offs, y fue Pau el que más lejos llegó, a las finales de Conferencia, donde no fueron rival para los Golden State Warriors después de la lesión de Kawhi Leonard.

Marc Gasol, Nikola Mirotic, José Manuel Calderón y Álex Abrines cayeron en primera ronda, llegaron todos como *underdogs* y perdieron ante los favoritos. Serge Ibaka llegó a segunda ronda, pero los Cleveland Cavaliers les barrieron tanto en Ohio como en Canadá (0-4) y Pau Gasol y sus Spurs dieron la sorpresa en Houston ganando por 2-4, a pesar de las bajas que ya tenían.

De los *rookies*, Willy Hernangómez y Abrines jugaron el partido de los novatos y el *center* de los New York Knicks acabó el año en el mejor quinteto de *rookies* de la NBA. También pasará a la historia del baloncesto español la 2016-17 por ser la temporada en la que José Manuel Calderón casi gana la NBA. No sabemos qué habría pasado pero, si Kevin Durant no se hubiera lesionado, el base de Villanueva de la Serena habría aterrizado en la Bahía, donde los Warriors ganaron su segundo anillo en tres años.

78 / 100

RYAN

Ella era actriz y modelo; él, jugador de la NBA. La relación, aparentemente, perfecta. Ella salió en *The Bachelor*, un *reality show* de la televisión americana donde hablaba, sin tapujos, del *bullying* que había sufrido desde pequeña. Anderson se quedó prendado de ella desde el primer minuto, en las Bahamas: «Si no hablo con esa chica, me arrepentiré toda la vida», le dijo a un amigo.

Todo se quebró muy rápido, demasiado, para Ryan Anderson. Antes del fatal desenlace, Gia Allemand había intentado suicidarse mezclando medicamentos con alcohol.

Tras una discusión en un local público, el ala pívot de los New Orleans se fue a su casa a ver la televisión tirado en el sofá. Le sobresaltó el teléfono. Era la madre de Gia preocupada porque no respondía a sus llamadas. Poco después, fue el padre quien le pedía que fuera a casa de su hija, ya que se temía lo peor.

Anderson leyó el mensaje, cogió el coche y condujo a toda velocidad por las calles de Nueva Orleans hasta el edificio donde vivía su pareja. Dejó el coche abierto y con el motor en marcha y salió corriendo del vehículo hacia el apartamento de su pareja.

Al entrar en él, lo primero que vio Ryan Anderson fueron las piernas de Gia Allemand. Corrió y se la encontró colgando de las escaleras con el cable del aspirador al cuello. Trató desesperadamente de salvarle la vida sujetándola en el aire pero era demasiado tarde. Rompió a llorar. Ni siquiera pudo llamar a la policía. Fue un vecino alertado por los gritos del ala pívot el que lo hizo. Había una nota de la propia Gia: «Mom gets everything.»

Una de las primeras caras conocidas que vería Ryan Anderson sería la de su técnico, Monty Williams. Fl *head coach* de los Pelicans no dudó un instante al conocer la noticia: condujo hasta el complejo de apartamentos y se encontró a su jugador en el suelo, llorando de forma desconsolada y rodeado de policía. Se arrodilló y se abrazaron.

Antes de la llegada del técnico, Ryan Anderson llamó a la madre de Gia y sufrió su ira: «Tenías que haberla cuidado, sabías lo sensible que era», le dijo.

Fue el propio Monty quien se llevó a Ryan Anderson de aquel infierno. La siguiente parada fue la casa familiar de Monty Williams, donde Ingrid —su mujer—, técnico y jugador rezaron. El hermano de Ingrid acababa de suicidarse y el ánimo de su técnico y esposa fue clave para Ryan Anderson.

Jugador y entrenador pasaron aquella noche en el salón. Anderson en el sofá y Williams a su lado en un colchón que tiró en el suelo para no abandonar a su jugador. Se mantuvieron despiertos y hablando hasta el amanecer.

Cuando Monty Williams tuvo que reincorporarse al frenético ritmo de la NBA, Ryan Anderson volvió a vivir a casa de sus padres casi obligado por su madre. Allí se reunieron todos los Anderson para pasar con Ryan las siguientes semanas a la fatalidad.

Pasaba las horas pegado a la Biblia sin poder salir de una casa acosada por periodistas y tuvo que transcurrir un mes hasta que Anderson comenzara a entrenar con sus compañeros. Lo hizo tras una llamada de Monty Williams y una conversación con sus padres.

Una vez allí, los compañeros trataron a Ryan Anderson como le habían tratado siempre, no hicieron excepción, no evidenciaron lástima por él, algo que el ala pívot agradeció posteriormente.

79 / 100

MONTY

«La vida no es justa, no esperes que lo sea.» Es la frase que Monty Williams se repite cada vez que las cosas le van mal. Y la suya, a pesar de jugar en la NBA y de ser uno de los asistentes más reconocidos de la liga, no lo ha sido. Lo era.

Como jugador, Montgomery Williams jugó en los New York Knicks, San Antonio Spurs, Denver Nuggets, Orlando Magic y, finalmente, Philadelphia 76ers, y como entrenador, asistente, estuvo en Portland y Oklahoma. De *head coach*, desde 2010 hasta 2015, en los Hornets/Pelicans.

Durante toda esa vida —más de 20 años hasta la fecha— Monty Williams estuvo siempre con la misma mujer, Ingrid. El 9 de febrero de 2016, se levantó a las 7 de la mañana a pesar de haber llegado en plena madrugada de Phoenix, donde había ejercido de ayudante de Billy Donovan en la victoria de Oklahoma en el desierto.

A esas horas, su mujer ya estaba trabajando. A diferencia de la inmensa mayoría de mujeres de NBA, Ingrid Williams jamás contrató una empleada del hogar, una cocinera o una niñera para sus cinco hijos. Eran su vida. Y también su trabajo.

Para las 7.15 de la mañana, ella salía por la puerta de su casa con cinco niños impecables, desayunados y aseados de entre 5 y 18 años. Era una mujer inflexible, una mujer que llevaba a sus hijos al pabellón local de su padre cuando Monty estaba en la ciudad, pero siempre con dos normas. Nunca iban sin haber realizado los deberes y tampoco se quedaban todo el partido, solo veían el primer cuarto. Papá podía ser un técnico de la NBA pero la hora de ir a la cama era sagrada, se respetaba. Los hijos, por cierto, trataban de *Sir* y *Madam* a sus progenitores.

Ingrid pasaría el día llevando a sus hijos de un lado para otro y compaginándolo con su labor de voluntaria con los menos afortunados ayudando en labores de integración. Con todo eso por hacer, Monty Williams, que preparaba en casa el siguiente partido de los Oklahoma City Thunder, no se extrañó de que su mujer no llegara a pesar de ser más de las siete.

Lo que sabe la policía es que, a las 8 de la tarde, Ingrid Williams conducía su todoterreno con Faith, Janna y Micah y se encontró de frente con el coche de Susannah Donaldson, una mujer de 52 años que invadió el carril contrario, a más velocidad de la permitida, y colisionó con el vehículo de los Williams. Los exámenes posteriores confirmaron que la señora Donaldson había consumido metanfetamina, que duplicaba la velocidad permitida en la zona del accidente y que podía llevar a su perro en el regazo. Ambos fallecieron en el acto mientras que Ingrid Williams y sus hijos fueron enviados al hospital.

Ellos sobrevivieron pero ella no. Los primeros exámenes médicos habían sido optimistas pero, finalmente, Ingrid falleció a los 44 años de edad.

Doc Rivers canceló sus vacaciones, Gregg Popovich llegó lo más rápido posible y los pastores de la familia en Portland y Nueva Orleans también aterrizaron en Oklahoma City. Billy Donovan, Sam Presti, Avery Johnson o Tim Duncan se dejaron ver y dos de los jugadores más cercanos a Monty cuando entrenaba a los Pelicans, Anthony Davis y Ryan Anderson, estuvieron en la residencia familiar aprovechando que NOLA visitaba a los Thunder. Llegaron tantas flores que Ayana Lawson, encargada de la asistencia a los jugadores de OKC, tuvo que llamar a todas las floristerías locales para que enviaran los regalos a las obras de caridad que Ingrid estaba llevando a cabo.

80 / 100

EARTHQUAKE

«Algo por lo que siempre me preocupaba de pequeño era por la electricidad. Incluso antes del terremoto teníamos muchos problemas con ella. Mi hermano pequeño y yo teníamos una GameCube y me gustaba jugar al NBA Live. Siempre que podría elegía a Kobe, mi favorito.» Al habla, Skal Labissiere.

«Los cortes de luz eran algo normal. Había un calendario en cada uno de los pueblos de Port-au-Prince en los que se apuntaba cuándo iba a haber luz en cada uno. En mi barrio, Canapé Vert, se iba a las 2 de la tarde y volvía a eso de las 7 u 8, pero había muchas veces que se iba por la mañana y no volvía hasta el día siguiente.»

Haití es un país que juega al fútbol y al béisbol, pero Skal descartó pronto el primero. Lo jugó durante años, pero solo conocía dos futbolistas altos en la élite, Zlatan Ibrahimovic y Peter Crouch, y con 12 años ya medía lo mismo que el delantero inglés.

Fue su madre la que le pidió que probara con el baloncesto. El problema para el joven era que no había programa de baloncesto ni nada parecido en Haití, solo partidos de NBA por la tele. «Un día mi padre me sentó en el sofá y me dijo durante un partido: "Ese es Kobe Bryant".»

Fue entonces cuando Skal y su hermano pequeño dejaron de ir a los partidos de fútbol y comenzaron a probar con el baloncesto. Dibujaron con tiza una línea de tres alrededor del aro del barrio y empezaron a probar esos movimientos de Kobe que habían visto en la televisión. «Si perdías un partido tenías que esperar 5-6 para volver a jugar. Y odiábamos perder, así que éramos muy competitivos.»

Con 13 años, medía 2 metros, así que tanto él como su familia comenzaron a pensar en el baloncesto profesional como una salida.

Acabó recomendado en Memphis por un conocido de un exjugador haitiano, el Sr. Hamilton.

Todo cambió el 12 de enero de 2010. Eran las 4:53 de la tarde y un terremoto de 7 grados en la escala de Richter arrasó Haití. Los Labissiere fueron a reunirse en la sala cuando empezaron los primeros temblores y, después, todo se derrumbó.

Entre los escombros, Skal podía oír pero no veía nada. Al menos estaba vivo. «Solo tengo 13 años, soy muy joven para morir», se decía. Oía a su madre y hermanos. También estaban vivos.

Creyó no salir del derrumbamiento de su casa, pero recuerda lo que le dijo a su padre una vez le sacó de allí: «Me prometiste que iría a la NBA.»

«No podía andar, ya que casi no podía moverme y fue la gente la que me dejó en la calle.»

Allí tirado, el joven pívot pensó si podría volver a jugar a baloncesto, ya que sus piernas quedaron atrapadas en el derribo y no pudo moverlas durante dos largas semanas.

Tras el terremoto, la prioridad de su familia fue clara: salir de Haití. No había línea telefónica, por lo que contactar con el Sr. Hamilton para irse a Memphis fue imposible durante unos días. Una vez encontrados, Hamilton llamó todas las noches para que su padre completara los papeles necesarios en el menor tiempo posible. Ya había escuela, faltaba un visado de estudiante. El primer intento fue denegado. El segundo también, pero a la tercera sí, Labissiere podía viajar a EE. UU.

Siete meses después del terremoto, iba a jugar baloncesto universitario en Estados Unidos. La adaptación fue todo lo difícil que cabía esperar pero, en su segundo año, el técnico avisó a los chicos de que Calipari asistiría al partido: «Tiempo después supe que Coach Cal vino a verme a mí», dijo.

«Te he entrenado antes, te he entrenado en Marcus Camby y en Anthony Davis. Puedes ser uno de ellos», le dijo tras ver un partido suyo de «17 puntos, 11 rebotes y algunos tapones».

81 / 100

WARDELL

Wardell Stephen Curry nació en Akron en 1988, cinco años después y en el mismo hospital que LeBron James. Ganador de los MVP de 2015 y 2016, pasará a la historia como uno de los mejores tiradores de la historia de la NBA y uno de los hombres que mejor entendió y abrazó el *run & gun* como forma de jugar al baloncesto.

Hijo del exjugador Dell Curry y de Sonya Curry, nació en Akron (Ohio) pero creció en Carolina del Norte, donde su padre jugaba en los Charlotte Hornets. De esa época viene su afición por los Panthers de la NFL.

Fue su madre Sonya, exjugadora de voleibol, la que consiguió que el joven Steph fuera un jugador disciplinado, lo que, sin duda, ayudó a su carrera baloncestística. A pesar de su talento y de su sobresaliente rendimiento en las escuelas católicas de la zona, Curry se decantó por el pequeño *college* de Davidson para su carrera universitaria, un lugar pequeño pero cercano a su casa familiar.

Se convirtió en un fenómeno nacional al llevar a Davidson a las finales regionales de la NCAA en su segundo año. Promedió casi 29 puntos en su tercero en Carolina, lo que le valió para ser el séptimo jugador elegido en el draft de 2009.

Como base de los Golden State Warriors, Stephen Curry fue segundo en la votación para el Rookie of the Year en 2010 solo por detrás de Tyreke Evans, de los Sacramento Kings, promediando 17,5 puntos y demostrando una puntería innata, la misma que evidenció en Davidson.

Metió un 43% de los casi 5 triples por partido que tiró aquel año, un número considerable para un novato, aunque lejos, muy lejos, de los 11 que tiró por partido en la temporada 2015-16, la de su segundo MVP.

En su verano *rookie*, tuvo tiempo para colgarse la Medalla de Oro en el Mundial de Baloncesto de Turquía y recuperar el cetro mundial para el Team USA. Aquel verano sería también el que marcaría el futuro a corto plazo de Steph. Un esguince de tobillo lastraría su próxima temporada —la del *lockout*— y haría correr ríos de tinta sobre sus problemas físicos, algo que marcó la renovación del base de Akron con los Warriors una vez expirado el contrato de novato.

Por «culpa» de esos tobillos, Curry se convirtió en la mayor ganga de la historia de la NBA. Plenamente recuperado en 2013, lideró a los Warriors en una postemporada que maravilló al mundo desde la primera ronda ante los Denver Nuggets. Esos Warriors de Curry y Thompson pasaron a ser el segundo equipo de mucha gente por esa manera tan rápida de jugar. Aquella temporada, Curry estableció en 272 el récord de triples anotados por un jugador en una Regular Season, un récord que él mismo dejaría en nada al año siguiente. Y al siguiente.

Fue All Star en 2014, ganó su primer MVP en 2015 y en 2017 firmó la primera renovación de más de 200 millones de la historia de la NBA con dos anillos, dos galardones de MVP, uno de máximo anotador y un concurso de triples en su haber.

También es el primer jugador de la historia en anotar 400 triples en una única temporada, la de su segundo galardón de mejor jugador, y el primer MVP elegido por unanimidad de la historia de la NBA. También fue el MVP que más mejoró sus prestaciones después de recibir el galardón. Sucedió después del primero y se llevó, lógicamente, el segundo.

Y tenían dudas de sus tobillos.

82 / 100

RÉCORDS

Desde que la NBA se creara hasta que se convirtiera en la mejor liga de baloncesto del mundo, el lugar donde todo el mundo quiere ir y una de las mejores competiciones habidas y por haber, los récords han ido cayendo poco a poco hasta que en el último lustro se han multiplicado. En lo que a puntos y variantes ofensivas existentes se refiere, la llegada de los Warriors de Kerr, los Rockets de D'Antoni o los Cavaliers de LeBron James han ayudado mucho.

Cualquiera que se haya asomado a la NBA sabe que la mayor anotación en un partido no corresponde a Michael Jordan, Larry Bird, Magic Johnson, LeBron James o Kobe Bryant. Wilt Chamberlain y sus 100 puntos en un choque el 2 de marzo de 1962 se mantienen como algo imposible de superar a día de hoy.

La segunda mejor marca es de Kobe Bryant, los míticos 81 puntos con los que castigó a los Toronto Raptors de Calderón en enero de 2006. De los jugadores en activo, la marca más alta es de Devin Booker, que se fue con 70 puntos de su visita al TD Garden de Boston en la temporada 2016-17.

Recientemente hay más récords de puntos como los 17 de Stephen Curry en una prórroga en los play-offs de 2016 —volviendo de lesión— o los 39 de su compañero Klay Thompson en un cuarto. Steph tenía en su haber el récord de más triples anotados en un partido, con 13 a los Pelicans en 2016, hasta que llegó su hermano Klay Thompson para hacerle 14 a los Chicago Bulls en la temporada 2018-19.

Latrell Sprewell y Ben Gordon —en dos ocasiones— ostentan el récord de triples sin fallo con nueve aciertos y Ty Lawson, con 10, el registro de triples anotados de forma consecutiva. No sabiendo lo que había logrado, Lawson se jugó un 11.º tiro aquella noche sobre la bocina del tercer cuarto y desde muy lejos. Falló y acabó con 10/11.

El mejor porcentaje de la historia —con un mínimo de 100 lanzamientos— es de Pau Gasol, que anotó 56 de 104 en la 2016-17.

Pasando de una línea a otra, la de libres también tiene nombres propios. Howard, con 39 intentos —dos veces—, es el jugador que más veces ha ido a la de 4,5 en un partido. Pasó en años consecutivos pero con dos camisetas diferentes, la de Orlando y la de los Lakers. El *back-a-Howard* fue el pan nuestro de cada día durante sus mejores años. Shaq tuvo lo suyo también. Lanzó 11 sin anotar uno solo de forma consecutiva y otro *center*, Andre Drummond, falló 23 en un partido. Nunca nadie erró tantos. Una vez más, la mejor muñeca desde la línea en una temporada es de un español. José Manuel Calderón anotó el 98,1% de tiros libres en la temporada 2008-09. 151 de 154.

Wilt Chamberlain también tiene el récord de rebotes, con 55, y Scott Skiles, con 30, el mayor número de asistencias en un partido. El de robos viene compartido por Larry Kenon y Kenda Gill, con once, y el de tapones es para Elmore Smith, con 17, en un duelo de 1973.

Dale Ellis jugó 69 minutos en un partido con cinco prórrogas en 1989 y Bubba Wells sufrió la expulsión más rápida por faltas al irse al banquillo en solo tres minutos.

En la 2016-17, Westbrook se convirtió en el segundo jugador de la historia en promediar un triple-doble y en el primero en lograr dobles dígitos en tres factores en más de la mitad de los partidos, en 42.

Kareem Abdul Jabbar es el máximo anotador, con 38.387 puntos, y Wilt Chamberlain, el máximo reboteador, con 23.924. Las asistencias llevan el nombre de John Stockton, con 15.806.

En junio de 2019, Marc Gasol se convirtió en el segundo español en llevarse el Larry O'Brien y automáticamente metió su nombre, y el de Pau, en los libros de historia. Los hermanos Gasol son los primeros hermanos en ganar la NBA disputando las series finales con los campeones en la historia de la Liga. George y Ed Mikan formaron parte del *roster* de Lakers y Royals. George logró cinco anillos con los angelinos y Ed se marchó de Rochester durante la temporada que acabó con su título.

83 / 100

HERNANGÓMEZ GEUER

La temporada 2016-17 fue la primera en la NBA para la segunda generación de hermanos españoles que coincidiría en la liga: los Hernangómez.

Willy, *center*, jugaría en los New York Knicks y Juancho, *forward*, en los Denver Nuggets. Ambos llegaban de la Liga Endesa y de Madrid —del Real, Willy y del Estu, Juancho. Hijos de Guillermo Hernangómez y Wonny Geuer, el baloncesto tenía que ser su destino.

Hasta el 17 de diciembre de 2016, día en que se vieron las caras en el Pepsi Center de Denver, la carrera de los hermanos no podía haber sido más diferente. Ambos entraron de la mano en las categorías inferiores del Real Madrid, donde Juancho lo hizo, dicen las malas lenguas, por ser hermano de Willy. El 41 solo duraría un año —cadete— en la casa blanca y tuvo que reinventarse. Mientras el mayor quemaba etapas como jugador del Real Madrid, Juancho se labraba su futuro en Majadahonda primero y en el Estudiantes después. ¿Su lema? El mismo que hasta hace nada ilustraba su cuenta de Twitter: «Fight for glory.»

Juancho tuvo una gran temporada en Majadahonda, pero acabó de la peor forma posible con una grave lesión en el cartílago de la rodilla que también le haría faltar a la cita con el Mundial sub-17 acabada su segunda temporada allí. Sería la última, ya que, tras pasar por quirófano, el alero pasaría a jugar en el Estudiantes, equipo que estuvo años detrás de su fichaje y por el que Juancho apostó antes que por regresar al Real Madrid. En el equipo del Magariños, dejó de ser *el hermano de Willy* para ser Juancho Hernangómez, con letras mayúsculas. Los amantes del baloncesto recordarán durante años su triple con España, en 2013, para darle el bronce al equipo de Jota Cuspinera ante la Letonia de Porzingis. Era el Europeo sub-18.

Comenzó alternando el júnior con Liga EBA y después el EBA con la ACB, donde acabaría llevándose el trofeo de mejor joven de la liga antes de hacer las maletas. Empezó luciendo el 14, el mismo número que sus padres, su hermano Willy y su hermana Andrea, pero acabaría llevando el 41.

Willy siguió toda su formación en el Real Madrid hasta debutar el 3 de octubre de 2012 en Pisuerga. Jugó 2 minutos en un +25 del equipo de Pablo Laso. Un año y una semana después, Juancho hacía su debut colegial en la ACB en una derrota en Málaga. Jugó once minutos y cogió dos rebotes. Willy saldría cedido en la temporada 2013-14 al Sevilla —donde coincidió con Porzingis— y a la vuelta ganó la Copa Intercontinental, Copa del Rey y ACB con el Real Madrid, a pesar de no encontrar acomodo en el sistema defensivo de Laso.

Se presentó al draft de 2015 y fue elegido con el *pick* número 35 por los Sixers, aunque la elección correspondía a los Knicks, donde debutó un año más tarde, una vez Juancho había sido drafteado.

El mediano de los Hernangómez se coló en la primera ronda y fue el número 15 después de un gran trabajo en los entrenamientos previos a las elecciones del draft.

Ambos debutaron en la temporada 2016-17, al término de la cual Willy era elegido como integrante del quinteto de novatos de la NBA y Juancho había anotado 27 puntos ante los Golden State Warriors con 6/10 en triples.

84 / 100

ZINGER

Tres días antes del draft de 2015, Kristaps Porzingis tenía miedo. Solo quería ir a los New York Knicks, estaba convencido de ello. Pero que los Knicks —*pick* 4— fueran a coger al letón era algo que estaba por ver: «Definitivamente, había mucho miedo», reconoció.

«Esto era lo que quería, aquí —en Nueva York— fue mi último *workout* antes del draft y era donde quería estar», añadió. La noche del draft, los Timberwolves eligieron a Karl Anthony Towns, los Lakers a D'Angelo Russell y los Sixers a Jahlil Okafor. Después, los Knicks a Porzingis. Y sí, hubo abucheos y portadas contra la elección del letón del Baloncesto Sevilla. Para el recuerdo quedará la que decía «Tanks for nothing», jugando con *thanks* —gracias— y el *tanking*.

Antes del draft, de los Knicks, del mote de unicornio y de demostrar que los 7 pies pueden tirar triples largos sin problemas, Porzingis vivía en Sevilla. Le costaba despertarse y no fueron pocas las veces que tras 14 horas de sueño se presentaba en el entrenamiento del equipo júnior sevillano. «Echaba tres carreras y estaba destrozado», reía recordando aquello durante su año *rookie*.

Para entonces, Porzingis rozaba los 2,10 metros, pesaba menos de 80 kilos y era incapaz de completar una sesión de entrenamiento, algo que hizo encenderse todas las alarmas en Sevilla. Lo que no se supo en los primeros meses fue que el letón sufría anemia, que ayudaba a la aparición de la fatiga al más mínimo esfuerzo. «¿Por qué no puedo hacer lo que hacen los demás? Soy demasiado flojo», reconoció Porzingis que pensó aquellos días. Los galenos del Sevilla le diagnosticaron la anemia y le hicieron comenzar un tratamiento que incluía pastillas de hierro. Porzingis empezó a responder.

Debutó de la mano de Aíto García Reneses en la Liga Endesa en una temporada, la 2012-13, en la que estuvo jugando en el primer equipo y en el filial sevillano. La siguiente campaña, 2013-14, fue la de la explosión. Comenzó con 12 puntos, 6 rebotes y 4 tapones ante el Baskonia y poco después establecería un nuevo *career-high* en un duelo ante el Real Madrid. En su último año en Sevilla, Porzingis promedió 11 puntos, 5 rebotes y 1 tapón en una temporada que tenía un telón de fondo: el draft de la NBA.

Llegó a los Knicks tras convencer a Phil Jackson de que conocía la defensa. Debutó con 16 puntos en una victoria ante Milwaukee y un mes después acabó con 24 puntos, 12 rebotes y 7 tapones, siendo el primer menor de 20 años en completar un partido así desde Shaquille O'Neal.

Su año *rookie* dejó dos partidos de 29 puntos, uno de quince rebotes y dos de siete tapones y dos de seis. Casi nada.

Quedó segundo en la clasificación del Rookie of the Year, por detrás de Karl Anthony Towns, ganador unánime del galardón.

85 / 100

JOEL

Tardó más en anotar una canasta en partido oficial que en lanzar sus redes sobre Rihanna en Twitter y, con menos de 40 partidos en la NBA, firmó una renovación millonaria —150 millones— en 2017. Y es que hay que ser de Joel Embiid. Drafteado en 2014, no hizo su debut hasta el 26 de octubre de 2016 y acabó, en la derrota ante Oklahoma City, con 20 puntos, 7 rebotes y 2 tapones. Solo jugó 31 partidos en su año *rookie*. Sus promedios fueron 20,2 puntos, 7,8 rebotes y 2,1 asistencias… en solo 25,4 minutos.

Nacido y criado en Camerún, Joel Embiid probó con el fútbol primero y con el voleibol después y precisamente en este deporte apuntaba a ser profesional en Francia en 2011. Entonces, un tío suyo le dijo que probara con el baloncesto.

«Empecé a jugar en febrero de 2011 y de repente mis notas cayeron», recordaba Embiid. «Mi padre me dijo que tenía que dejarlo, así que solo jugué entre febrero y marzo», añadía. Ese mismo año, y tras pasar un examen de química, Joel Embiid fue invitado a un campus organizado por Luc Richard Mbah a Moute, donde, según él mismo explica, no estuvo a la altura: «No jugué bien, no era de los mejores pero él [Mbah a Moute] me eligió entre los 50».

«Lo podía ver. Estaba jugando al voleibol y cuando pasó al baloncesto un entrenador me dijo que le diéramos la oportunidad porque había logrado varias cosas increíbles ya», dijo Mbah a Moute. «Hacía cosas que te hacían pensar si era verdad que solo llevaba 6 meses jugando», añadió.

Después del campus del por aquel entonces jugador de los Timberwolves, llegó el de la NBA, el Basketball Without Borders y, más tarde y tras solo dos semanas en Camerún, llegaron los States.

«Al principio allí no podía ni agarrar el balón, los compañeros me apretaban tanto que no podía y ellos se reían de mí. No conocía el idioma y fue duro, pero lo superé», reconoció el propio *center* de los Sixers.

Tras un año gris en Montverde (Florida), Embiid cambió de equipo —The Rock School— y allí ayudó a lograr un 33-4 de balance, lo que le valió un *rating* cinco estrellas entre los jóvenes de los Estados Unidos. Se marchó a Kansas tras promediar 13 puntos, 10 rebotes y tres tapones y en los Jayhawks, en solo 23 minutos, promedió 11 puntos y 8 rebotes. En solo tres años pasó de ser el hombre del que se reían sus compañeros al tercer *pick* del draft de la NBA.

Se perdió su Madness por una fractura en la espalda por estrés, algo que no mermó sus posibilidades en el draft, ya que, una vez recuperado, parecía apuntar al número 1 de los Cavaliers. Sin embargo, una lesión en el pie le hizo pasar por quirófano y eso sí le hizo caer, ya que era una dolencia de la que los hombres grandes suelen volver a menor nivel. La sombra de Greg Oden planeaba sobre él, pero los Sixers arriesgaron y se lo llevaron con la tercera elección después de que los Cavs se llevaran a su compañero en Kansas, Andrew Wiggins, y los Bucks, a Jabari Parker.

Los Sixers ficharon a Mbah a Moute para el año *rookie* de Embiid, pero las lesiones —su sesión de fotos en el *media day* es con una férula— evitaron que los dos compatriotas jugaran juntos.

86 / 100

JOKER

Nacer en 1995 en lo que era Yugoslavia te marca el carácter. Allí vino al mundo, el 19 de febrero —en Sombor, Voivodina—, Nikola Jokic, el *Joker*. Creció en un país sumido en una tremenda depresión postguerra y sus primeros años no fueron fáciles, aunque, al menos, le quedaba el baloncesto: «Mi familia es muy fan del juego. Teníamos una canasta fuera de casa y jugábamos en una pista cerca. Incluso de bebé, me sentaba —con chupete y todo— y veía jugar a mis hermanos», reconoce Nikola.

Porque, claro, sus primeros rivales fueron los Jokic, sus hermanos. Mayores que él —uno 11 años, el otro 13—, se convirtieron en los primeros en machacar al joven Joker, una historia común con otras muchas estrellas de la NBA. A base de competir con ellos, el jugador de los Nuggets fue modulando su juego. Sin embargo, su primera pasión fueron los caballos. Eran una vía de escape, una manera de desconectar de los partidos que sus hermanos le ganaban: «Me encantaban los caballos y quería ser un jockey.»

Su padre le forzó a jugar a baloncesto, algo que Jokic no quería y su camino fue complicado: «Odié mi primer entrenamiento», dijo. Estaba gordito y era bajito, así que empezó jugando de base por su facilidad para pasar y sus aptitudes de dominio del balón, algo que a día de hoy, ya en la NBA, le hacen ser un pívot diferente, uno moderno. Entrenamiento tras entrenamiento, fue viendo crecer su nivel y también lo vieron los demás. Así llegó la llamada del KK Mega Basket, el club de la capital, de Belgrado.

Fue difícil, pero el consejo de sus hermanos le ayudó a decidir: se iba. Allí jugó en las categorías inferiores y dio el salto al primer equipo en la 2013-14, con solo 18 años. Dos temporadas —11 puntos y 6 rebotes y 16 puntos y 9,6 rebotes— después, llegaba a los Denver Nuggets, que le habían elegido un año antes, en el draft de 2014, en segunda ronda. Pudo llegar al Barcelona, pero el equipo culé desechó el fichaje con todo firmado por un mal partido de pívot balcánico, que seguiría en Serbia un año más antes de irse a la NBA.

«Nikola estuvo cerca de firmar con el Barcelona. Le siguieron mucho tiempo, vinieron para las negociaciones finales y vieron un partido en Sremska Mitrovica. Antes del partido, casi habíamos acordado las condiciones del traspaso e íbamos a acordar el resto tras el encuentro. Esa noche, Nikola jugó su peor partido con el Mega Leks», reconocía Mizko Raznatovic, conocido agente de baloncesto.

Arturas Karnisovas, asistente del *general manager* de los Denver Nuggets —y exjugador del Barcelona— apostó fuerte por él y Jokic no defraudó al dar el salto mientras el Barcelona pensaba lo que había dejado pasar.

10 puntos y 7 rebotes de *rookie* y 16 puntos, 9,8 rebotes y 4,9 asistencias por partido en su año *sophomore* hicieron de Jokic un filón, otro candidato a unicornio de la NBA. El Joker fue candidato al Most Improved Player de la 2016-17 que se llevó otro europeo, Giannis Antetokounmpo.

87 / 100

SAGER STRONG

La NBA no sería la mejor liga de baloncesto sin Magic Johnson, Kareem Abdul Jabbar o, más recientemente, Kobe Bryant o LeBron James. Pero tampoco lo sería sin Doris Burke en pista o sin hablar de Craig Sager. Nacido en Atlanta en 1951, fue muy conocido por cubrir NBA y Juegos Olímpicos y mundialmente reconocido por sus *looks*. Se graduó en 1973 y en 1981 fue contratado por Turner Broadcasting System, propietaria de la CNN, la TNT y actualmente encargada de NBA TV, el League Pass que retransmite todos y cada uno de los partidos de la temporada.

Sager se hizo respetar por su trabajo, pero también será recordado por la enfermedad que le costó la vida a finales de 2016. El mítico reportero de la TNT falleció víctima de una terrible leucemia que tiñó de color la NBA. Y es que el luto por Craig Sager fue utilizado para que prácticamente todos los jugadores de la liga usaran una camiseta en su homenaje para calentar en los partidos de la semana de su pérdida. Y esa camiseta, que está disponible en la web de la Sager Strong Foundation, es de todo menos negra.

Solo siete meses después de su fallecimiento, la NBA entregaba a Monty Williams el primer premio Craig Sager, un galardón que la liga instauró para honrar la memoria del reportero y que servirá para homenajear a una persona —en este caso el extécnico de los Pelicans— pionera y que personalice el coraje, la fe, la compasión y la elegancia. El premio, también, era una americana con los dibujos de la camiseta conmemorativa, una chaqueta que Monty Williams lució orgulloso.

Su historia comenzó en 1981, pero fue en 2014 cuando dio un giro de 180°. Sager anunciaba que sufría leucemia mieloide aguda, un tipo de cáncer producido en las células del mismo nombre y que se caracteriza por la rápida aparición de células que interfieren en la normal producción de glóbulos rojos.

Se perdió los play-offs de 2014 y gran parte de la temporada 2014-15 mientras se sometía a dos trasplantes de médula ósea que no le hicieron perder la sonrisa: «Estoy recibiendo el mejor tratamiento del mundo y solo puedo deciros que ganaré esta batalla.»

Las redes sociales se llenaron de mensajes de estrellas de la NBA con el *hashtag* *#SagerStrong* y es que LeBron James o Kobe Bryant mandaron mensajes de fuerza al reportero a través de las redes sociales. También un Ricky Rubio que sufría la enfermedad de su madre en aquellos momentos.

El base de El Masnou dedicó un mensaje emotivo al periodista el día de su fallecimiento: «Como decía mi madre, "No perdiste la batalla porque diste todo lo que tenías", qué luchador más increíble. Te echaremos de menos *#RIPSager*.»

Como trabajador de la TNT, Sager cubrió la NBA durante décadas, pero no fue hasta 2016 cuando pudo vivir, *in situ*, las finales de la liga, cuyos derechos eran de la ESPN. La cadena le invitó a formar parte de su equipo en las de 2016 —las segundas entre Golden State Warriors y Cavaliers que ganaron los de Ohio en el séptimo.

«Saber que tiene que estar sufriendo un dolor terrible y aun así sigue queriendo ser parte de un partido de la NBA te da la idea de la pasión que siente por el juego», dijo la también mítica Doris Burke sobre él.

Sager Strong.

88 / 100

MARFAN

Tras un draft tremendamente decepcionante (2013), la clase de 2014 recogía halagos en casi cada análisis y Andrew Wiggins fue número 1, elegido por los Cleveland Cavaliers. No llegaría a debutar con los de Ohio, con los que sí jugó la Summer League, y fue elegido antes que Jabari Parker y Joel Embiid.

Sin embargo, el draft de 2014 pasará a la historia por lo que sucedió después de que los Atlanta Hawks eligieran a Adreian Payne con el *pick* número 15 y antes de que los Nuggets emplearan el 16 para llevarse a Jusuf Nurkic. La NBA hizo subir entonces al estrado a un jugador que drafteaba la propia liga. Era Isaiah Austin.

En enero de 2017, el mundo del baloncesto recibió la gran noticia de que la liga serbia contaría con los servicios del gigante de Baylor, un jugador especial. Especial porque sufría una enfermedad que afecta a una de cada 5.000 personas, el síndrome de Marfan.

Antes del draft, Austin —2,16 metros y 100 kilos— anunció que desde los 12 años no veía de un ojo a causa del golpe de una bola de béisbol, lo que no evitó que hiciera carrera universitaria. Quería ser el primer jugador con visión parcial en la historia de la NBA y casi lo consigue.

Poco antes del draft, Austin hizo oficial que padecía síndrome de Marfan y anunció su retirada del baloncesto profesional debido a esa enfermedad.

Presentaba dos de los síntomas más habituales del síndrome de Marfan como son su altura (2,16) y problemas de visión —una miopía que le hacía jugar con gafas— antes de recibir el impacto de la bola con 12 años y quedar ciego de un ojo. Lo más grave de su enfermedad, que recientemente ha visto crecer la esperanza de vida de los 45 años a los 70, es que debilita la arteria aorta.

«No se puede explicar con palabras lo agradecido que me siento por haber jugado a este maravilloso deporte. Cambió mi vida. Siento que quienes me han apoyado me puedan ver jugar en la NBA, pero esto no es el final. Es solo el principio», escribió en Twitter poco después de ser elegido por la NBA en el draft de 2014.

En 2017 anunció que jugaría en Serbia, donde su primera canasta —no podía ser de otra manera para un 7 pies— fue un mate después de un rebote ofensivo.

Sus años en Baylor no fueron nada malos. Tras la primera temporada —al témino de la cual no se presentó al draft por una lesión— promediaba 13 puntos, 8 rebotes y casi 2 tapones y en la segunda —y última—, 11 puntos, 5,5 rebotes y 3 tapones por partido.

Los *mocks* del draft le daban como una elección de final de primera ronda o principio de segunda, pero el síndrome de Marfan le ganó la partida… por ahora.

89 / 100

ANGRY RUSS

Dice la canción que algo se muere en el alma cuando un amigo se va. Y algo debió de morir en el interior de Russell Westbrook el 4 de julio de 2016 cuando Kevin Durant anunció que se uniría a los Golden State Warriors en la agencia libre. Algo murió y algo creció en su fuero interno: el hambre.

Ese mismo 4 de julio comenzaron a aparecer los primeros tuits vaticinando una temporada histórica. Se daba por hecho el anillo de Kevin Durant con los Golden State Warriors —sucedió—, casi por hecho el MVP de las finales —también— y una temporada monstruosa de Russell Westbrook. Esto último no solo pasó, sino que superó todas las expectativas habidas y por haber. Era *Angry Russ*, era el despechado, el hombre fiel al que Durantula había dejado solo comiendo *cupcakes*. Y Russell se puso el traje de superhéroe ya desde el primer día.

En 36' en Filadelfia, anotó 32 puntos, cogió 12 rebotes y repartió 9 asistencias. Segunda y tercera noche completaron el mejor inicio de la historia de la NBA. 51 puntos, 13 rebotes y 10 asistencias ante Phoenix y 33 puntos, 16 asistencias y 11 rebotes ante los Lakers en casa. *Home sweet home*. Faltaban 79 partidos y Russell ya promediaba un triple-doble con 38,6 puntos, 11,6 rebotes y 12 asistencias. Casi nada.

Desde verano se especuló con dos cosas sobre el base de los Thunder: si sería capaz de batir el récord de triples-dobles en una temporada que era de 41 y si sería capaz de acabar promediando dobles dígitos en puntos, rebotes y asistencias. Logró las dos. Estableció en 42 el récord superando el de Oscar Robertson y se convirtió en el primer jugador, desde el propio Big O, en acabar la temporada promediando un triple-doble.

Los completó de todos los colores incluyendo uno perfecto en el tiro: 6/6 en TC y 6/6 desde la línea de libres para 18 puntos, a los que sumó 14 asistencias y 11 rebotes. También subió hasta 57 la máxima anotación de un jugador con un triple-doble en la historia, completó la racha más larga con siete partidos de forma consecutiva, castigó a 27 de las 29 franquicias a las que se enfrentó con un triple-doble y consiguió dejar su sello en 17 ciudades a lo largo y ancho de los Estados Unidos. Casi nada.

31,6 puntos, 10,7 rebotes y 10,4 asistencias son los números para la historia que dejó la temporada de Westbrook con los Thunder, una temporada que acabó en primera ronda del play-off ante los Rockets de su también excompañero James Harden, su principal rival en la lucha por el MVP.

El colofón llegó con el 42. Tras escapársele por dos asistencias en Phoenix, donde los Suns no querían que cayera el récord, el escenario fue el Pepsi Center. Una asistencia a Semaj Christon en el tercer cuarto completó el 42.º triple-doble de la temporada para él y faltaba una heroicidad por llegar. A falta de 2,9", Kyle Singler sacó de banda, se la dio a Steven Adams y el kiwi la puso en manos de Westbrook ante la defensa de Harris. Con 1,3" por jugarse, el base de los Thunder se levantó desde más de nueve metros y clavó un triple para recordar. Anotó 19 puntos en el último cuarto y 50 en el partido. Historia.

90 / 100

THIS IS NOT THE END

Al inicio de la temporada 2017-18, Chris Bosh era jugador profesional de baloncesto, todavía no exjugador. Pero, desde 2015, muchos se refieren al ala pívot de los Miami Heat —uno de los mejores en esa posición en su época— como a un exjugador.

A pesar de tener su dorsal retirado en la NBA —el 1 de los Heat—, Chris Bosh prefería el béisbol al baloncesto en su juventud. No importaba nada que ser muy alto para su edad le hiciera destacar en el parquet porque Bosh seguía prefiriendo el bate al aro. Jugaba con su hermano mayor, Joel, y su padre tiene la culpa del gran manejo de balón que siempre ha demostrado el ala pívot para su talla. Años después, y ya como jugador de los Toronto Raptors, admitió que para él el baloncesto era algo relacionado con el «esparcimiento». También diría, en la web de la NBA, que cuando descubrió el baloncesto solía caminar casi un kilómetro para ir a jugar o coger la bici para ir donde hiciera falta con tal de echar unas canastas.

Buen estudiante, Bosh comenzó a llamar la atención de las universidades tras liderar a un récord de 40-0 a su instituto. Para él, su mejor recuerdo. Se enrolaría en las filas de Georgia Tech desde donde aterrizó en la NBA de la mano de los Toronto Raptors, una de las últimas franquicias en llegar a la liga y la única canadiense cuando Bosh, draft de 2003, fue elegido. Su era en los Raptors vino precedida de tres temporadas en positivo y un 24-58 en la 2002-03 que permitió a Toronto tener un *pick* alto en el primer gran draft del siglo XXI.

Lenny Wilkens fue su primer entrenador y, tras una temporada de Kevin O'Neill, Sam Mitchell asumió los mandos y devolvió al Norte a la senda de la victoria de la mano de Bosh. Perdió en primera ronda del Este en dos postemporadas (2007 y 2008) y un inicio regular le costaría el puesto a Mitchell en detrimento de Jay Triano, que acabó el año con un 33-49. La última temporada en los Raptors acabó con 40 victorias y 42 derrotas, fuera de los play-offs con un balance que no pocas veces en esa época valió para ser hasta sexto del Este. Hizo las maletas y formó parte del *show* de LeBron James en Miami. Cuatro finales y dos anillos después, no hay un analista en la NBA que obvie la importancia del ala pívot en los títulos de los Heat a pesar de que LeBron y Wade —que ya tenía un anillo de antes— se llevaban todos los titulares.

No bajó de los 16 puntos y 6 rebotes y pasó, por momentos, de ser la tercera opción del equipo tras los mejores amigos a ser la segunda. Y una vez ido LeBron, fue la primera pieza de los nuevos Heat con un contratazo que, sin duda, se ganó centavo a centavo.

Su problema llegó en febrero de 2015 cuando se le detectaron unos coágulos de sangre durante el *break* de un All Star para el que había sido elegido gracias al paso adelante dado en Florida. Dijo adiós a la temporada y los Heat, hundidos moralmente por la pérdida de uno de sus jugadores más importantes, fallaron en su objetivo de ir a los play-offs por primera vez desde que LeBron aterrizara allí. El Rey, eso sí, jugó las finales con los Cavaliers.

Volvió al inicio de la 2015-16, pero tuvo que parar en el mismo momento que el año anterior: en el All Star Game se le reprodujeron los coágulos y, a pesar de su importante campaña por volver a la pista, jamás volvió a vestirse de corto. Los Heat retiraron su dorsal, el 1, en una ceremonia al inicio de la temporada 2017-18.

91 / 100

16-1

Dice la leyenda que los récords están para romperse y los Golden State Warriors del trienio 2015-17 se lo tomaron al pie de la letra. Primero Stephen Curry, después Klay Thompson, Luke Walton, Steve Kerr y, finalmente, el equipo de la Bahía en su conjunto fueron batiendo marcas hasta hacer icónico su lema de «strength in numbers», algo así como la fuerza del número, del grupo. Porque Curry fue el primero en anotar 400 triples, el equipo el primero en conseguir más de 1.000 canastas desde la distancia; Walton, protagonista —sin querer— del mejor arranque de la historia, y Kerr, el único entrenador en la historia de la NBA en ganar 67 o más partidos en sus tres primeras temporadas. Casi nada. Todos los récords se centraban en la Regular Season pero faltaba extrapolar esa superioridad —los Warriors del 73-9 estuvieron machacados por las lesiones en varios momentos de la temporada regular— a la postemporada, en abril. Y lo hicieron.

Porque los Golden State Warriors de la temporada 2015-16 aprendieron una lección importante en la postemporada: si puedes ganar en cuatro partidos, gana en cuatro partidos. Los días de relax que hay cuando has barrido a tu rival son muy importantes y marcaron la diferencia un año antes cuando los Cavaliers se pasearon por el Este y los Warriors sufrieron la lesión de Curry en primera ronda y el 3-1 de los Thunder en las finales de Conferencia. Lograron remontarlo para hacer historia tirando esa misma renta en las finales, pero no volverían a fallar.

Tras completar su segundo 67-15 en tres años, los Golden State Warriors fueron el mejor equipo del Oeste y se enfrentaron al octavo, los Blazers.

Damian Lillard sufrió la ira de sus vecinos, que se marcharon con un cómodo 2-0 del Oracle (+12 y +29) y sellaron el pase en Oregón. +6 y +25 y el billete a semifinales del Oeste, donde esperaban los Utah Jazz, picados por mensajes filtrados desde la Bahía por lo aburrido que sería tener que viajar a Salt Lake City. Las lesiones de los Jazz hicieron mella en la mejor defensa de la NBA y ellos tampoco fueron rival para los campeones. +12 y +11 por un lado y +11 y +26 por el otro y billete para las finales del Oeste, donde sí tocaba un coco: los Spurs.

Si las lesiones hicieron polvo a los Jazz, los de Popovich no se quedaron atrás. Con Kawhi Leonard sano, llegaron a dominar el *game 1* por más de 20 puntos. Lesionado el 2 —de aquella manera en una jugada con Zaza Pachulia—, la cosa fue pan comido para los Warriors. Remontaron los 20 puntos y ganaron por un acumulado de +62 los siguientes partidos. Otro barrido y a las finales.

Cleveland presentaba casi el mismo balance (12-1) que los Golden State Warriors, pero tampoco ellos pudieron frenar al mejor equipo del mundo. En cinco partidos en las finales, la mínima anotación de los Warriors fue de 113 puntos en el primer partido, un duelo que ganó por 12 puntos.

Cleveland apelaba al factor cancha y casi le vale en el *game 3*, pero apareció Kevin Durant para demostrar por qué es el primero después de LeBron James y poner el 3-0. Ganarían los Cavs el cuarto en un partido memorable pero no podrían repetirlo en el quinto. Golden State se vio forzado a ganar en su casa, a ganar en el quinto, en un duelo que muchos no querían jugar por aquello de sellar los play-offs con una carta inmaculada (16-0).

Sin embargo, ese quinto partido, con los datos en la mano, les valió a los Golden State Warriors para ganar 22 millones de dólares en cuestiones de entradas, *marketing* y *merchandising*. El 16-1 tampoco suena nada mal, es historia.

92 / 100

LONZO

Se le esperaba. Con ganas. Algunos creían que iba a marcar una época, fue comparado con Magic Johnson... por el propio Magic Johnson y su historia en la NBA empezó como director del juego de Los Angeles Lakers, como su padre había pronosticado.

Nacido y criado en Los Ángeles, la historia ideal del base que devolvería el *showtime* a los Lakers fue quemando etapas siempre en California. Nació en Anaheim, jugó en Chino Hills con sus hermanos LiAngelo y LaMelo en equipos entrenados por su padre y después fue a UCLA adquiriendo el compromiso de que sus hermanos también jugarían en los Bruins. La siguiente etapa pendía de un hilo y ese hilo, simplemente, sucedió. Los Lakers lograron el *pick* en la lotería del draft y, a pesar de que no era nada seguro, LaVar Ball ya celebró la llegada de su primogénito a la segunda franquicia más laureada de la historia de la NBA.

En los Huskies de Chino Hills, Lonzo Ball dejó su impronta en forma de triple-doble, lo que le valió el Naismith Player of the Year, el galardón anual que el Atlanta Tipoff Club da a los mejores jugadores de instituto de Estados Unidos.

El problema de Lonzo siempre estuvo fuera de las pistas. En el parquet hablaba él y, como mucho, las dudas se centraban sobre su peculiar manera de tirar. Fuera, LaVar Ball se convertía poco a poco en el peor agente posible para un chico de 18 años que solo quería triunfar en la NBA. Es imposible separar a Lonzo de LaVar porque el padre se ha empeñado en ello. Cerró 2017 con la noticia de que sus hijos menores dejaban los Estados Unidos para marcharse a un equipo lituano que no tenía dinero y cuyo entrenador no hablaba inglés.

El *Operación Triunfo* de los Ball empezó con LaVar siendo presentado junto a sus hijos en Europa como si fuera un fichaje más. Mientras tanto, Steve Kerr habló varias veces sobre el pésimo ejemplo que el padre era para el base de los Lakers y el chico... decepcionaba de inicio.

Más allá del *reality show* en el que se había convertido su camino a la NBA, Lonzo Ball había demostrado saber jugar al baloncesto. Era un tirador fiable a pesar de una mecánica peor que la de Joe Johnson y, sobre todo, un gran asistente con más de 7 pases de canasta por partido en los Bruins.

¿Sorprendió el nivel de Lonzo? Hasta cierto punto. Llegó a la NBA con el título de MVP de la Summer League con 16 puntos, 9 asistencias, 7 rebotes y 2,5 robos pero, llegados al ecuador de la temporada inaugural, no estaba entre los *rookies* que aspiraban al Rookie of the Year. Brillaba mucho menos que novatos como Jayson Tatum (elegido después de él) o Ben Simmons, número 1 del año anterior. Pero también menos que Lauri Markannen o Donovan Mitchell, escogidos por Chicago y Utah después del base de Anaheim. En esa lista, por cierto, también destacaba Kyle Kuzma, elección de segunda ronda de los propios Lakers.

Consiguió el triple-doble más joven de la historia, pero en enero sus números de 10 puntos, casi 6 rebotes y 7 asistencias escondían un 35% en tiros de campo y casi 3 pérdidas, es decir, una ratio de dos asistencias por pérdida. Tampoco ayudaba mucho el menos del 50% en tiros libres que enseñaban sus estadísticas.

93 / 100

FEDS

El 26 de mayo de 2012, los Philadelphia 76ers perdieron el séptimo y definitivo partido de la serie de semifinales del Este ante los Boston Celtics del Big Three. En un duelo en el que los Celtics tiraron de Ryan Hollins, Keyon Dooling o Greg Stiemsma, Rondo, Garnett, Allen y Pierce se combinaron para 62 de los 85 puntos verdes. Los Sixers de Iguodala, Holiday, Brand, Turner, Lou Williams o Thad Young se quedaron en 75 y dijeron adiós a la postemporada dando guerra. Llegaron como octavos del Este y se cargaron a los Bulls en la eliminatoria que comenzó el declive de Derrick Rose. Ese año —del *lockout*— ganaron 35 partidos y perdieron 31. A partir de entonces, la nada. La última temporada de Doug Collins, ya sin Iguodala, acabaría con 34 victorias, que les dejaron fuera del play-off y dieron paso a su larga travesía por el desierto, el llamado The Process.

Los Sixers ganaron 47 partidos entre las temporadas 2013-14, 2014-15 y 2015-16, y se coronaron en la última con un sonrojante 72-10 de derrotas-victorias. Igualaron el mítico balance de los Chicago Bulls de Jordan... pero al revés.

En medio de esa vorágine de autodestrucción, los *picks* del draft parecían ser los cimientos del nuevo proyecto de los Sixers pero, de primeras, fueron un espejismo. Michael Carter-Williams fue elegido con el número 11 de 2013 y se llevó el Rookie of the Year después de bordear el cuádruple doble en su primer partido en la NBA.

Saldría de los Sixers menos de un año después y por la puerta de atrás. Un año después, MCW ha jugado ya para Sixers, Bucks, Bulls y Hornets sin brillar más que en Filadelfia en un equipo donde, obviamente, tenía licencia para jugárselo todo. Un año después, los Sixers tenían el *pick* 3 y el 10 pero ninguno brilló con la camiseta de Phila esa temporada. El 3 fue Embiid, que se tiró todo el año lesionado, y el 10, Elfriid Payton, que fue traspasado a los Magic a cambio de Dario Saric, que tampoco aterrizaría en los Sixers, pues seguiría en Europa. De esa manera, en junio de 2014, los Sixers lograron dos de las letras que escribirían su futuro: la E y la D (de Dario).

Paradójicamente, las elecciones de segunda ronda (32 y 39) sí brillaron en aquellos desastrosos Sixers. Fueron KJ McDaniels y Jerami Grant. Solo 18 victorias después, los Sixers repitieron *pick*: el número 3. Y también elección. Un hombre alto como Jahlil Okafor aterrizó en la ciudad del amor fraternal. Un centenar de partidos, 14 puntos y 6 rebotes y un #FreeJah después, Okafor se marchó a los Nets con más pena que gloria. Lo mejor estaba por llegar.

Los Sixers ganaron solo 10 partidos en la temporada 2015-16, un año en el que la primera victoria llegaría en diciembre y uno en el que el equipo vería el especial de Navidad con un balance de 1-30. Mejoraron en enero con cuatro victorias pero hasta final de año ganaron uno en febrero, otro en marzo y otro en abril. Al menos tuvieron premio: el primer *pick* del draft, la primera elección de la franquicia desde Allen Iverson. Eligieron a Simmons, la S. Faltaba por añadir dramatismo y el base australiano se rompió un dedo en octubre antes de empezar la temporada y se perdió toda la Regular Season. La 2016-17 fue mucho mejor en victorias (28) pero sobre todo en sensaciones. Debutó Joel Embiid, dio el salto Saric y los Sixers tuvieron buenos momentos esperando un debut de Simmons que no llegó. Volvió a caer el *pick* 3 pero lo cambiaron por el uno y eligieron a Fultz, la F. Así se pasó de The Process a FEDS, la unión de Fultz, Embiid, Dario y Simmons que el propio Embiid —¿quién, si no?— bautizó en redes sociales.

94 / 100

PROFETAS EN SU TIERRA

«Honestamente, es mucho más fácil jugar en un estado donde nadie te conoce.» Son las duras palabras de Jeff Teague en mitad de su primera —y única— temporada en los Indiana Pacers. El base de Indianápolis llegó a sus Pacers en el verano de 2016 a cambio de otro *born & raised* como George Hill y su año, como el de su equipo, decepcionó. Admitió estar muy contento de volver a casa cuando se cerró el traspaso pero Teague, un hombre con un tatuaje de su Indianápolis natal en el hombro izquierdo, rápidamente cambió de parecer. Admitió que salía gente que no conocía para pedirle entradas —y favores— diciendo que eran amigos de los familiares. De la misma manera hablaban Cole Aldrich de su época en los Timberwolves y Joakim Noah sobre cómo afectaba a Derrick Rose jugar en Chicago. El gasto anual —solo en entradas para partidos como locales— podía llegar a las seis cifras, según admitieron Noah —en Nueva York— y Galloway, de los Pelicans. Especialmente complicado era el caso de Rose, el MVP más joven de la historia, la primera gran estrella de los Chicago Bulls desde Jordan y un hombre de cristal que tenía rituales prepartido que no se podía saltar para entregar entradas. También en Chicago, Wade dijo agradecer jugar en casa tras pasar casi toda su carrera en los Heat. «Antes venía una vez y tenía que comprar 50 entradas, ahora juego 41 partidos aquí y es más fácil repartirlas», dijo en una entrevista en 2016.

Su excompañero Udonis Haslem solía comprar 20 entradas por partido en sus primeros seis años en la NBA. Después puso al cargo de estos asuntos a su madre por una sencilla razón: «Ella no tiene problemas en mandar al infierno a quien venga a pedirle una.»

Sin embargo, en lo deportivo, la historia de los nativos en sus respectivos estados ha tenido mucho brillo en los últimos años. Derrick Rose fue la estrella de los Bulls siendo nacido en Chicago, LeBron James nació en Akron y creció en los Cavaliers antes de irse a Miami —y de volver a casa—, JR Smith ganó el premio al mejor Sexto Hombre en Nueva York y Howard o Wade aterrizaron en casa, después de muchos años en la liga, en el verano de 2016.

El caso más mediático e importante es el de LeBron, claro. Nació en Akron —al igual que Stephen Curry— y creció en Ohio hasta ser elegido por los Cavaliers y llevarles a las finales de la NBA. Se marchó, se quemaron sus camisetas, se le acusó de todo lo acusable y finalmente se le abrazó como el hijo pródigo cuando dijo las esperadas palabras: «I'm coming home.»

Desde aquel mensaje, los Cavaliers han jugado tres finales en tres años y ganado el primer título para Ohio en más de medio siglo.

Siguiendo su ejemplo, Wade firmó en la agencia libre de 2016 por los Chicago Bulls y demostró tener cuerda para rato antes de volver al lado del propio LeBron en 2017. Dwight Howard firmó un contrato millonario con los Hawks, aunque dejó claro desde el principio que para quien quisiera ir a verle jugar existía algo «llamado Ticketmaster», ya que él no iba a tener los problemas de otros con las entradas. Solo duró una temporada antes de ser traspasado a Charlotte.

95 / 100

TESORO

JaVale McGee tiene uno y Steve Nash, dos veces MVP, no. DJ Mbenga tiene dos —los mismos que Gasol— y Russell Westbrook, MVP, máximo anotador y demás, no. Tampoco lo tienen John Stockton y Karl Malone, Elgin Baylor, Charles Barkley, Reggie Miller, Pat Ewing o Pistol Maravich. Hablamos de anillos, claro. Del tesoro de la NBA. Allen Iverson, el MVP más bajito de la historia, también se retiró sin uno, como Tracy McGrady, uno de los mejores anotadores de la historia.

Ganar un anillo es lo más grande que le puede pasar a cualquier jugador de baloncesto del mundo. Ser importante en ese logro, algo superior y ser el MVP de las finales te corona como uno de los mejores. Pero hay muchos mitos que no lo lograron, muchos que fracasaron en su camino o que perecieron sin llegar a jugar unas finales de la NBA. Recientemente, la mayor pifia del draft entre 2000 y 2010 —Darko Milicic— ganó el suyo antes que uno de los mejores de todos los tiempos. Y lo ganó a pesar de ser considerado uno de los peores *picks* de la historia. Por su nivel primero y por el de los que vinieron inmediatamente después, y es que los Pistons le eligieron antes que Wade, Melo o Bosh pero también antes que David West, Josh Howard, Pachulia, Mo Williams o Korver. De esta lista, West y Pachulia lo ganaron con los Warriors en 2016.

Podemos diferenciar jugadores según por qué no lo ganaron. La magnitud de un jugador no queda supeditada a su generación, pero sí los títulos. Y ahí Malone y Stockton —probablemente la historia más romántica jamás vista en la NBA— tuvieron mala suerte. El base es uno de los mejores *guards* de la historia de la liga y su número de asistencias totales será difícil de superar, pero coincidió con Michael Jordan. Formaba un dúo perfecto con Malone... pero estaban los Bulls. Jugaron juntos dos finales de la NBA con los Jazz y cayeron ante Air. Una vez retirado Stockton, Malone lo intentó en los Lakers, donde formó parte de uno de los mayores batacazos jamás visto. Ni siquiera lo logró jugando con Payton, Bryant y Shaq. Se lo quitaron los Pistons... de Milicic.

También Barkley se dio de frente contra los Bulls de Jordan. Llegó a las finales con los Phoenix Suns pero no evitaron el primero del primer *three-peat* de Mike. Tampoco lo lograría con los Rockets.

Elgin Baylor tuvo la misma suerte que los Jazz: coincidió con la dinastía verde y vio cómo los Lakers lograron el ansiado anillo una vez él colgó las zapatillas. Para el recuerdo quedarán sus 11 All Star y su récord de 61 puntos anotados en un partido de las finales, algo difícil de batir.

En el mismo saco que Stockton y Malone —aunque un escalón por debajo— habría que meter a Reggie Miller. El *killer* de los Pacers jugó toda su carrera en Indianápolis, por lo que sus aspiraciones de anillo empezaron y acabaron allí. Jugó cinco finales de Conferencia y una de la NBA. Fue el año 2000 y también pagó el pato ante un rival superior. Cayó en seis partidos ante los Lakers de Kobe, Shaq —38 puntos y 16 rebotes de promedio—, Fisher, Harper, Horry...

Y tampoco podemos olvidarnos de Steve Nash, uno de los mejores bases del cambio de siglo. Dos veces MVP, Captain Canada llegó a los Lakers en 2012 para intentar ganar el ansiado anillo con Kobe, Gasol, Artest y Howard. Acabaron séptimos del Oeste y apeados en primera ronda.

Con los Suns del *seven seconds or less* jugó tres finales del Oeste y cayó en 2005, 2006 y 2010 ante Spurs, Mavericks y Lakers, a pesar de tener factor cancha en las dos primeras.

96 / 100

MARCH MADNESS

La carrera de un jugador de la NBA acaba en la liga en el mejor de los casos, pero quema etapas que todo aficionado debe conocer. David Stern fijó la edad mínima para entrar en la liga en 19 años, lo que obligaba a que pasara un año entre el final del instituto y el inicio de la carrera en la NBA. La mayoría eligen jugar en una universidad, pero también ha habido casos —sonados— de jugadores que querían ganar dinero cuanto antes y emigraron. En este caso, hablaremos de las universidades. Después del instituto, los mayores talentos del baloncesto en Estados Unidos se reparten en universidades a lo largo y ancho de la geografía estadounidense.

UCLA es la universidad que más títulos tiene, con 11; Kentucky viene por detrás, con 8, y, en tercer lugar, empatan Indiana, Carolina del Norte y Duke, con 5.

La liga universitaria —de nivel I— de EE. UU. se divide en 32 conferencias cuyos ganadores obtienen el billete directo. 31 de las 32 conferencias celebran el Torneo de Conferencia para dirimir quién irá a la disputa por el título, pero la Ivy League envía directamente al ganador de la Regular Season. Las 36 universidades que completan el *bracket* —que rellena habitualmente hasta el mismo presidente de Estados Unidos— son elegidos por el comité de la NCAA.

Las 68 selecciones son divididas en cuatro cuadros, donde se enfrentan en duelos a vida o muerte. Antes de ello, se disputa el First Four, donde los cuatro equipos invitados con peor *ranking* y los cuatro campeones de conferencia de menor *ranking* se enfrentan para completar el cuadro. El ganador tendrá un puesto en el *bracket* final.

Después de la First Four tiene lugar la primera ronda, que disputan las 64 universidades más importantes de Estados Unidos. El calendario se sabe de antemano, así que la universidad que gane en primera ronda ya sabe qué rivales puede tener en su camino hacia el título en segunda ronda, Sweet Sixteen, Elite Eight o en la Final Four que se juega en una ciudad conocida con anterioridad.

El March Madness paraliza el deporte en Estados Unidos hasta el punto de que la NBA evita que haya partidos a la misma hora que la final de baloncesto universitario desde hace años. Al ser eliminatorias directas, no es extraño ver a equipos tapados llegar lejos haciendo el papel de cenicienta. En los últimos años, la mayor sorpresa fue la victoria de la Universidad de Villanova en 2016 ante Carolina del Norte. En los ganadores, Daniel Ochefu, Ryan Arcidiacono y el héroe Kris Jenkins —no drafteado en 2017— y, en los vencidos, Brice Johnson, número 25 en 2016.

Jamás un equipo con un *ranking* peor que el octavo puesto —entre las 64— ha conseguido llevarse el título siendo precisamente Villanova, en 1985, la que lo logró con ese *seed*. En 2011 se dio la peor final del March Madness entre la UCONN y Kentucky siendo octava y séptima en el *ranking*, respectivamente. Ganarían los Huskies de Connecticut con una estrella de la NBA al frente, Kemba Walker.

Butler (Indiana) es la única Universidad que ha llegado de forma consecutiva a la Final Four sin ser una de las dos mejores por *ranking*. Lo consiguió en 2010 y 2011 con Brad Stevens como entrenador y con Gordon Hayward o Shelvin Mack en el *roster*.

97 / 100

WILDCATS

Edrice Femi (*Bam*) Adebayo fue el último *wildcat* en llegar a la NBA. El pívot de los Miami Heat fue la 14.ª elección del draft de 2017, tres puestos detrás de Malik Monk y nueve más tarde que el base titular de John Calipari hasta el *madness* del mismo año: De'Aaron Fox. El de 2017 fue otro gran draft para la Universidad de Kentucky, otro año en el que tres de los integrantes del equipo del entrenador universitario más importante del país —una vez retirado Coach K— fueron elegidos en primera ronda. En 2017 fueron más allá, los tres fueron seleccionados en la lotería. Son los últimos jugadores de la prestigiosa universidad que vio crecer a Devin Booker, Karl-Anthony Towns y Anthony Davis en el pasado reciente, pero también a John Wall, Rajon Rondo, Tony Delk, Sam Bowie, Antoine Walker, Cliff Hagan, Jamal Washburn o DeMarcus Cousins.

Hay que remontarse hasta 2009 para encontrar el último draft en el que ningún *wildcat* fue elegido en primera ronda. En aquella ocasión, el primer jugador de Kentucky fue drafteado en el puesto número 41 y fue Jodie Meeks, que se podría considerar un robo destacable de un draft en el que salieron antes Austin Daye, Erick Maynor o BJ Mullens.

La primera década del siglo XXI no fue exitosa para UK, que solo vio brillar a dos exalumnos como Rajon Rondo y Tayshaun Prince. El metrónomo de los Celtics campeones fue escogido en el 21.ᵉʳ lugar por los Phoenix Suns, aunque jamás jugó en el desierto y acabó en los Celtics vía Lakers.

El hombre que «jamás pisó un gimnasio» fue pieza clave en los dos anillos consecutivos de los Detroit Pistons en sus primeros años en la liga y más tarde fue campeón olímpico en Pekín 2008. Kelenna Azubuike no fue elegido, Jamal Magloire lo fue en el puesto número 19 y la segunda ronda fue el destino de Keith Bogans. Después, la explosión.

John Wall inauguró la nueva era en 2010 siendo coronado como el mejor jugador de su generación. El base fue elegido por los Wizards, donde ha sido santo y seña desde su año *rookie*. Aquel verano, los *wildcats* pegaron fuerte y vieron a cinco alumnos caer en los 29 primeros puestos del draft. Además de Wall, DeMarcus Cousins fue el 5, Pattrick Patterson el 14, Eric Bledsoe el 18 y Daniel Orton el 29.

Una temporada más tarde, Enes Kanter fue el tercer *pick* del draft y Brandon Knight el octavo, mientras Calipari cocinaba a fuego lento su siguiente creación. Anthony Davis copó portadas antes de dar el salto e incluso se colgó la Medalla de Oro en Londres 2012 sin haber debutado en la NBA y fue, evidentemente, número 1 del draft. Calipari no podría dejar de sonreír cuando su compañero Michael Kidd-Gilchrist fue elegido inmediatamente después de The Brow. Terrence Jones (18) y Marquis Teague (29) también fueron elecciones de primera ronda.

Como sucedió con Wall, el año posterior a Davis fue peor, un draft de transición. Todavía se tiran de los pelos los que eligieron a Anthony Bennett como primer *pick* de una era que tenía a Giannis Antetokounmpo. Nerlens Noel fue 6.º tras sonar con fuerza para primera elección y Archie Goodwin fue el 29. Repetiríamos ecuación.

2015 fue otro gran año. Los Wildcats llegaron a la Final Four con un balance de 38-0, pero cayeron ante Kaminsky y Dekker. Duke se acabaría llevando el Madness, pero UK tuvo cuatro jugadores entre los trece primeros incluyendo su pareja interior como números 1 —Karl Anthony Towns— y 6 —Willie Caulley-Stein. Trey Lyles fue el 12 y, justo después, llegó Devin Armani Booker.

Antes de Fox, Monk y Adebayo, Calipari metió a Jamal Murray (7) y Skal Labissiere (28) en la primera ronda de 2016. Casi nada. En 2018, Kevin Knox y Shai Gilgeous-Alexander fueron elegidos en los puestos 8 y 11.

98 / 100

STATES

Bandera blanca con raya roja, un oso. Todos reconocemos California. Si creciste a finales de los 80 o principios de los 90, lo hiciste viendo San Francisco en *Padres forzosos*. Y ahora podríamos decir que el 31.ᵉʳ estado de United States es el del baloncesto. Perdón, Indiana.

Cualquiera que se asome a la NBA cada noche sabe que los jugadores no sienten los colores y que rara vez juegan en casa pero… ¿y si lo hicieran? Es fácil creer rápidamente que los vecinos LeBron James y Stephen Curry tiranizarían el Este al haber compartido hospital en Akron, pero el Oeste sería tremendamente salvaje. Y californiano 100% seguro.

En el citado caso, un equipo de California —digamos Lakers por ser el que más títulos ha tenido— podría tener luciendo sus colores a un MVP como Russell Westbrook, a uno de las finales como Kawhi y a ganadores de la liga como el propio Kawhi, Klay Thompson, Kyle Korver, Kevin Love o Tyson Chandler. Y, por si fuera poco, nombres como Damian Lillard, Paul George, Lonzo Ball, Jeremy Lin, Tony Snell, Ryan Anderson o los hermanos Lopez para completar un *roster* imposible de ganar.

Hacer una lista de 15 es complicado, pero podría ser la siguiente: Damian Lillard, Klay Thompson, Jeremy Lin, James Harden, De-Mar DeRozan y Russell Westbrook en el puesto de base y escolta; Kawhi Leonard, Paul George, Kevin Love, Ryan Anderson, Solomon Hill y Amir Johnson en los de alero y ala pívot, y los hermanos Lopez —Brook y Robin— y Aaron Gordon o Tyson Chandler para el de *center*.

LeBron y Curry formarían una dupla que daría gusto ver pero compartirían equipo con CJ McCollum, Caris LeVert, Trey Burke, Shane Larkin, Kosta Koufos o Jared Sullinger. Salvo por el *blazer*, el bajón sería evidente.

En el denominado Estado del Baloncesto —«en 49 estados es solo baloncesto, pero esto es Indiana»—, el quinteto sonaría de cine con Mike Conley, Jeff Teague, Eric Gordon, Gordon Hayward y Zach Randolph.

Tampoco estaría mal el de Illinois, con Derrick Rose, Dwyane Wade, Andre Iguodala, Jabari Parker y Anthony Davis, dejando en el banquillo nombres como Jahlil Okafor, Frank Kaminsky, Iman Shumpert, Evan Turner o Pat Beverley.

Malcolm Brogdon, Kentavious Caldwell-Pope, Jaylen Brown, Jae Crowder y Derrick Favors conformarían el de Georgia y Kemba Walker, Lance Stephenson, Danny Green, Carmelo Anthony y Andre Drummond —más Donovan Mitchell, Jonathan Isaac o Kyle O'Quinn— el de Nueva York.

99 / 100

EXPANSIÓN

La expansión de la NBA es uno de los temas que nunca dejará de estar en boca de todos. Contando con que la liga apuesta abiertamente por la misma, el debate es evidente: ¿dónde podría haber nuevas franquicias?

1. SEATTLE (WASHINGTON)

La principal candidata a tener una franquicia en la NBA. El acuerdo para el nuevo pabellón parece próximo y no haría más que acercar la liga a Seattle. Los Sonics son la futura franquicia número 31.

2. LAS VEGAS (NEVADA)

La ciudad del espectáculo tiene que contar con la NBA sí o sí. Lleva años sonando con fuerza para acoger una franquicia nueva de cualquiera de las cuatro grandes ligas de EE. UU. Allí se juega la Summer League y entrena el Team USA.

3. LOUISVILLE (KENTUCKY)

Para muchos es la mayor candidata a tener una franquicia solo por detrás de Seattle. Además de una larga tradición, la ciudad de Louisville y el estado de Kentucky tienen una gran población y un notable mercado televisivo, además de uno de los mejores pabellones de Estados Unidos. Por si fuera poco, podría ser un equipo atractivo si consiguiera para su equipo NBA al entrenador de los Wildcats, John Calipari.

4. Vancouver (Columbia Británica)

Al igual que Seattle, Vancouver sabe lo que es tener un equipo de la NBA y perderlo, aunque en su caso no tuvieron una larga trayectoria, ya que se estrenaron en 1995 y en 2001 los Grizzlies ya se habían ido a Tennessee.

5. Kansas City (Misuri)

Otra de las que ya sabe lo que es tener una franquicia, ya que los Kings de Sacramento estuvieron en la ciudad desde 1972 hasta 1985. Han pasado más de 30 años y Kansas está preparada. Tiene un pabellón para más de 19.000 personas.

6. Pittsburgh (Pensilvania)

Tiene franquicias en otras de las grandes ligas con los Steelers de la NFL y los Penguins de la NHL y traería con su llegada un nuevo derbi ante los Sixers de la vecina Filadelfia. Tiene un pabellón de 18,000 personas.

7. Anaheim (California)

La casa de los Ball. La posibilidad de que haya otro equipo en California no es muy grande, ya que tendrían difícil conseguir una masa social considerable por la proximidad de Lakers y Clippers. A su favor, tiene un pabellón de más de 15.000 personas y está en un área de más de 3.000.000 de personas.

8. Ciudad de México

Es la ciudad más exótica que se cuela en las quinielas con dos pabellones de más de 20.000 espectadores y con la NBA jugando partidos de pretemporada y también de Regular Season durante los últimos años en la ciudad. Es la tercera mayor área metropolitana del mundo.

Además, Norfolk (Virginia), Nashville (Tennessee), Cincinatti (Ohio) o Norfolk (Virginia) podrían ver la NBA en la próxima generación. Adam Silver deslizó que la expansión no llegaría de manera individual, se haría de forma que la liga siguiera teniendo equipos pares.

100 / 100

HISTORIA NEGRA

La de Len Bias probablemente sea la pérdida que más ha marcado a la NBA, pero no la única. La mejor liga de baloncesto del mundo también tiene su historia negra en forma de defunciones de jugadores en activo o poco después de retirarse. Fab Melo o Bryce Dejean-Jones fueron los últimos en 2017 y 2016, respectivamente, y no mucho antes, en 2011, fallecía Robert Traylor, el hombre que los Mavericks cambiaron por Dirk Nowitzki en 1999. A este lado del charco, la que más tocó fue la del *Genio de Sibenic*, Drazen Petrovic, y en España decir NBA es decir Fernando Martín, ambos fallecidos en accidentes de conducción. También con un coche de por medio tuvimos que decir adiós antes de tiempo a Malik Sealy en el año 2000.

En el verano de 1993, Drazen Petrovic se vistió los colores de su amada Croacia para clasificar a la selección para el Eurobasket del mismo año. La prematura eliminación en los play-offs de la NBA a manos de los Cavaliers habían dejado con hambre al mito y se puso manos a la obra para ayudar a sus compatriotas a clasificar, algo que habrían logrado incluso sin él. Con el billete logrado en Polonia, Croacia voló hasta Frankfurt, donde tenían que coger otro avión para volver a casa. A última hora, Drazen se vio con su novia en el aeropuerto y decidió que regresarían conduciendo a Zagreb.

Las condiciones meteorológicas no fueron las mejores y, tras una parada, Drazen se quedó dormido, sin cinturón, en el asiento del copiloto. Al llegar a una colina y con su novia al volante, el coche se encontró de frente con un camión cruzado. Ella se agarró al volante con fuerza y pisó el freno pero Drazen falleció en el acto. Eran las 5 de la tarde del 7 de junio de 1993.

También dentro de un coche falleció Malik Sealy. Nativo del Bronx, heredó el nombre de Malik Shabazz, de quien su padre fue guardaespaldas y llegó a la NBA en el draft de 1992 al ser elegido por los Indiana Pacers. Jugó, además, en Clippers y Pistons antes de llegar a los Wolves, donde hizo buenas migas con Kevin Garnett. Precisamente volviendo de la fiesta de celebración del cumpleaños de Big Ticket, tuvo un accidente mortal. El conductor de una furgoneta —que dio positivo por alcohol— colisionó con el deportivo del jugador. A Souksangouane Phengsene le salvó el *airbag*. El coche de Sealy no tenía.

El inicio de la era de Pau Gasol en Memphis estuvo marcado por algunos nombres míticos entre los que no podremos, jamás, olvidar a Lorenzen Wright. El mítico *Alitas de Pollo* estuvo con Gasol desde el inicio y fue clave en la evidente mejora que los novatos Grizzlies experimentaron con el nuevo siglo. La noche del 18 de julio de 2010, Wright fue visto por última vez con vida aunque su último contacto llegó más tarde, vía móvil. Su cuerpo se encontró el día 28 del mismo mes cuando se supo que una llamada —del móvil del pívot— al 911 alertó de un tiroteo la noche de su desaparición.

Las últimas investigaciones policiales apuntan a una conspiración ideada por la exmujer de Wright, la destinataria de un millón de dólares por el seguro de vida del *center*.

Recientemente, la NBA se tiñó de luto para decir adiós a Rasual Butler, un jugador que defendió ocho camisetas en la liga y cuyo fallecimiento dejó en *shock* a gran parte de los jugadores. Trabajador incansable, era el compañero ideal, según expresaron varias de las estrellas de la NBA al conocer la fatal noticia.